知的障害のある子どものための
国語、算数・数学

「ラーニングマップ」から
学びを創り出そう Part2

授業づくり&教材開発編

編著 山元 薫・笹原 雄介
著 静岡県立伊豆の国特別支援学校

まえがき

『知的障害のある子どものための国語、算数・数学「ラーニングマップ」から学びを創り出そう』（2020）を出版して、3年目を迎えようとしています。

この間に、全国の先生方にご活用いただきまして、とても感謝しております。私たちの「ラーニングマップ」に関する研究も、静岡県立伊豆の国特別支援学校を中心として、県内外の特別支援学校や特別支援学級のご協力を得ながら実績を積み重ね、「ラーニングマップ」に関する書籍の第2弾として、本書を出版できる運びとなりました。

特別支援学校学習指導要領（2018）の施行を受けて知的障害教育では、学習指導要領の目標や内容に基づいた目標設定や学習評価が必須となり、カリキュラム・マネジメントや授業づくりにおいてパラダイムシフトが起こっていると考えています。

その中で、ラーニングマップは、8つの活用の可能性を示しています。

---

① 知的障害のある児童生徒の実態把握のためのツール
② 知的障害教育における国語、算数・数学の教科の系統性
③ 目標と評価の一体化を図るツール
④ 学習評価における評価規準としての機能
⑤ 教材開発のエビデンスツール
⑥ 支援方法を検討するツール
⑦ カリキュラム・マネジメントのツール
⑧ 専門性向上のためのツール

ラーニングマップを活用することで、児童生徒一人一人の学習状況を把握することが可能になり、学びの連続性について質高く担保できるようになります。また、ラーニングマップを開いていただくと、一目で教科の系統性を把握することができ、今、取り組んでいる内容や活動がどのような教科の内容につながっているのか、教師も学習者である児童生徒も、保護者も理解することができます。あわせて、目標や評価の根拠としてラーニングマップを活用していただくことで、目標と評価の一体化を図ることが可能になります。ラーニングマップは、学習指導要領の目標や内容を細分化し精緻化したものになりますので、評価規準として活用することができます。ラーニングマップを評価規準に活用していただくことで、組織として共通の評価規準を共有することができ、より一層、学習評価を共有しやすくすることができます。

ラーニングマップを評価規準とした場合、個別の指導計画や年間指導計画への活用もとても大切になります。特別支援学校小学部・中学部学習評価参考資料（2020）では、学校で共通の評価規準を作成し、それを個別の指導計画に活用することと記載しています。「ラーニングマップ」を評価規準として活用すれば、児童生徒一人一人の実態と、学習指導要領、年間指導計画、個別の

指導計画、授業をつなぐツールとなります（図1）。

ラーニングマップの次なる可能性として、国語、算数・数学の指導内容を的確に把握することによって、教科別の指導が充実することはもちろんのこと、各教科等を合わせた指導においても、指導内容が扱われ、分けられない指導として自然な文脈の中で、知的障害のある児童生徒が力を発揮していく姿を導き出すことができるのではないかと考えていま

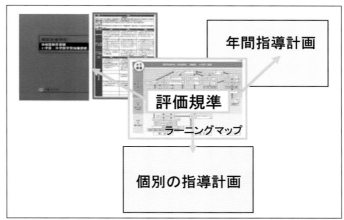

図1　ラーニングマップを評価規準とした場合の
カリキュラム・マネジメント

す。その兆しは、伊豆の国特別支援学校で多々発見することができます（コラム5「各教科の目標・内容の整理と各教科を合わせた指導の実践」を参照）。

本書では、ラーニングマップの特徴と活用について（第1章）、ラーニングマップを活用した授業づくり（第2章）、静岡県立伊豆の国特別支援学校の実践をもとに、特別支援学校における研修体制（第3章）、ラーニングマップを活用した授業実践と教材開発について（第4章）、ラーニングマップを活用した教材開発について（第5章）、学校づくりのとしてカリキュラム・マネジメントへの活用（第6章）、学習評価へ活用（第7章）に編集してあります。特に児童生徒の実態から、目標や内容を選定するまではできたけれど教材はどのように開発すればいいのか、授業展開をどのようにすればいいのか、教師としてとても悩ましいと思います。

どうぞ、本を手に取り、ラーニングマップを活用し、知的障害教育の実践にお役立ていただければと思います。

令和5年2月
静岡大学教育学部　山元 薫
静岡県立伊豆の国特別支援学校　笹原 雄介

目　次

第5章　教材マップ

教材マップ【国語編】

小学部 1 段階　*100*　　小学部 2 段階　*101*　　小学部 3 段階　*102*

ラーニングマップ対応教材集

小学部1段階	STEP1	「おはなし　こんにちは」「とんとんとんとん　とんねるくん」 「とんとんとんとん　だれですか?」
	STEP2	「同じものは、どれかな?」「よく見て書こう」
	STEP2,3	「どうぶつさん おなまえは?」
	STEP3	「字の始まりと終わり」「どんな音?まねっこしよう!」「言葉をまねしよう」 「本を読もう・おはなししよう」「まねっこしよう」「物の弁別」 「言葉（文字）のかたまり」
小学部2段階	STEP1〜	「言葉（文字）のかたまり」「動詞を覚えて文を作ろう」
	STEP2	「よんでみよう・かいてみよう」「イラスト（事物）と文字カードを一致させる」 「文をつくろう」「ひらがなを書こう」「だるまさんなにしてる?」「なにしてる?」
	STEP2,3	「平仮名を探そう」「何をしているでしょう?」「質問に答えて、クイズを作ろう」 「おはなしをつくろう」
	STEP3	「名前の平仮名」「絵と文字（名詞）を合わせよう」「ことばをつくろう」 「絵と文字（動詞）を合わせよう」「文字をおぼえよう」「話を聞いて並べよう」 「感じ取ったことを言葉にしよう」
小学部3段階	STEP1	「ただしくよめるかな・かけるかな」「ものの名前を文字で表そう」 「だれが　なにを　どうしている」「誰が、何をしている」
	STEP1〜	「○○○○○○新聞を作ろう」
中学部1段階		「思い出を短歌にしよう」

教材マップ【算数・数学編】

小学部 1 段階　*126*　　小学部 2 段階　*127*　　小学部 3 段階　*128*

ラーニングマップ対応教材集

小学部1段階	STEP1	「よく見て終わりまで動かそう」「ゴールはどこかな」
	STEP1〜3	「わけわけタイム!　①リングとボールを分けよう　②同じ色で集めよう」
	STEP2	「同じものは、どれかな?」「「ある」と「ない」を見分けよう（1）」 「「ある」と「ない」を見分けよう（2）」 「ひもとおしチャレンジ!」「①どっちに　いれる?　②どっちを　いれる?」
	STEP2〜3	「かたちをよく見て入れよう」「3までの数を数えよう」
	STEP3	「わけわけタイム〜同じ色で分けよう〜」「色を見てペグをさそう」 「よくみよう!」「形ごとに分けよう」「おなじはど〜れ?」 「形をよく見て取り組もう」「大きい（小さい）のはどっち?」 「くまさんにいちごをあげよう」「さかなつりゲーム」「入るかな?」
小学部2段階	STEP1	「わけわけタイム　○△□」「積み木を数えて並べよう」
	STEP2	「注文のピザをつくろう」「いくつかな」「かぞえていれよう」 「5までをかぞえよう・つたえよう」
	STEP2〜3	「何匹釣れたかな?　どっちが勝ったかな?　違いはいくつかな?」
	STEP3	「あわせていくつ」「どっちが多い」「いくつといくつ」 「「同じ」と「違う」を分けよう」「かずをくらべよう」「なんばんめかな?」 「何両編成?」

小学部 3段階	STEP 1	「20までの数字を数えよう」「うえ・した・まえ・うしろ、どっち?」「宝を見付けよう」「ちがいはいくつ」「「同じ」と「違う」を考えよう」
	STEP 2	「動物にアップルパイをあげよう」「30まで正しく並べよう」「時計 (正時、半時)」「とけい (正時)」「足し算をしましょう・式に表しましょう」
	STEP 3	「10のまとまりを作ろう・数えよう」「何時に何をする?」
中学部1段階		「表とグラフ」

第6章 実践校におけるカリキュラム・マネジメント
―静岡県立伊豆の国特別支援学校―

第7章 実践校における「ラーニングマップ」を活用した学習評価

＊本書で使用される「ラーニングマップ」は、前作『知的障害のある子どものための国語、算数・数学「ラーニングマップ」から学びを創り出そう』（2020、ジアース教育新社）に掲載、収録されています。

伊豆の国特別支援学校の紹介と発刊の意義

　静岡県立伊豆の国特別支援学校は、令和3年4月に静岡県伊豆の国市に開校したばかりの知的障害の児童生徒を対象とした特別支援学校です。静岡県内では令和になって初めてできた特別支援学校であり、新学習指導要領に改訂されたタイミングでできた学校でもあります。そのため新設校として開校するにあたっては、これまでの教育を継承していくだけでなく、学習指導要領に沿ったこれからの時代に合わせた学校づくりが必要だと考えました。

　本校の学校教育目標は「良さが輝き　未来をひらく」です。一人一人が確かな学びを積み重ね、仲間や地域とつながりながら、自分の良さを生きる力へと輝かせること、夢や希望をもち、みずから未来をひらく人を目指しています。この学校教育目標実現のためには、単元や授業の学習成果の検証を行い、個別の指導計画の評価・改善、教育課程の評価・改善が一体となって実施できるカリキュラム・マネジメントを充実させ、知的障害のある児童生徒が「何を学び得たか」を明らかにする知的障害教育の専門性に基づく確かな実践を行う学校にしなければならないと考えました。

　新設校であるため、開校の時点では、知的障害特別支援学校からだけではなく、他の障害種の特別支援学校や新規採用者など様々な経歴をもつ教員が集まり、一斉に教育活動をスタートすることになります。新たに集まった教員全員で教育目標の実現を目指すためには、目指す学校像・児童生徒像を明確にし、教育実践のよりどころとなる柱となるものが必要です。それが、新学習指導要領に沿った教育課程・学びを実現する実践を作り上げる方策としての伊豆の国版カリキュラムマネジメントシステムの構築と、ラーニングマップの活用です。

　児童生徒一人一人が確かな学びを積み重ねるためには、教員一人一人が授業力を向上させることが必要だと考えました。そのため本校では、大多数の教員がメインティーチャーとして少人数のグループで授業を行う国語、算数・数学を研修の窓口として、研修に取り組むことにしました。どの教員も初めて出会う児童生徒の実態把握と目標設定を考え、毎日の授業実践を行うにあたっては、それぞれに多かれ少なかれ不安や悩みを抱えていました。ラーニングマップを国語、算数・数学の指導の根拠として校内研修で取り上げ、学校全体で検証していくこととしたところ、教員自身の積極的な学びの姿が見られるようになりました。特に経験の少ない若手教員にとっては、授業実践の支えと自信につながってきているように感じます。

　国語、算数・数学ではラーニングマップは教員の共通の視点となり、発達の順序性や学習の系統性を知るうえでたいへん有効なツールとなっています。現在の実態から次の目標設定を行う際や、指導の行き詰まりが出たときの指導の転換を行う際にも活用しています。ラーニングマップを活用し目標設定することによって、児童生徒は到達度に合わせて現行の学習指導要領に基づく国語、算数・数学の学習を行うことができ、一人一人に合わせて、確かな学びを積み重ねることができます。また教員は、国語、算数・数学の授業で、一人一人が専門性や授業力の向上を図ることができ、その力を他の教科・領域の授業でも発揮できるようになると考えられます。ラーニングマップを活用したことによる専門性の向上については次のような点が挙げられます。

・目標設定が的確になってきた。

・目標に合致する学習活動かどうかが、見えやすくなった。

・次の学習を縦に進めるか、横に広げるか、児童生徒の実態から考えるようになった。

・学習の偏りに気づき、幅広い学習を組むことができるようになった。

・評価をあらわれの記録に終わらせることなく、目標が達成できたかできていないかの判断を分析的に判断できるようになってきた。

・ラーニングマップというひとつのツールを共有しているため、授業について相談したり、学習会を開いたりしやすくなった。

・授業者がチームではなく一人のため、授業改善を行いやすい。

などです。

　本校では、令和3・4年度の研究主題を「確かな学びを積み重ね、自らの良さを発揮できる授業づくり」とし、研究に取り組んでいます。令和3年度はラーニングマップの活用による実態把握と段階に応じた目標内容の選定、学習状況の評価を行い、段階・学び方を踏まえた単元デザインシート・授業デザインシートの活用による指導内容と評価の明確化に取り組みました。単元・授業デザインシートを作成し授業を参観し合ったり、学年団や児童生徒の実態別グループでショートミーティングを行ったりすることで、単元目標・授業目標・指導方法・指導内容が明確になり、実態・段階・特性など学習者の学び方に応じた単元の工夫が見られるようになりました。令和4年度は、学部ごとにサブテーマを設定し、教材や活動の開発、問いや展開の工夫などに重点を置いた授業づくりを行い、授業実践力の向上に努めています。また機能する学習評価を目指し、評価規準（評価基準）の設定とそれに基づく学習状況の評価を行い、評価に基づく授業研究・授業改善を行っています。そして本書に掲載のとおり、学習者の段階に応じた授業実践の蓄積もされるようになってきました。

　開校からまだ1年半ではありますが、研修を通じて教員同士の学び合いも進み、質の高い授業実践が見られるようになってきました。教員から研修が面白い、もっと学びたいという声が聞こえてくるのも嬉しいことです。ラーニングマップという共通のツールを活用するため、研修以外の場でも、先輩教員に学習の進め方を相談したり、同僚と教材づくりのアイデアを出し合ったりする様子も見られるようになっています。このような教員の授業づくりの姿勢は、児童生徒の学びに向かう姿にも影響しています。また国語、算数・数学で研修を通して目標設定や評価の視点が明確になってきたことから、教科等を合わせた指導である生活単元学習においても目標設定が明らかになり、授業改善が進んできたのを感じます。

　本校のラーニングマップを活用した実態把握、目標設定、単元デザイン、教材開発、学習評価の具体的実践事例を、知的障害のある児童生徒の国語、算数・数学の授業づくりの参考にしていただければ嬉しく思います。また今後、本書を活用していただいた方々からの助言や感想をいただくことで、本校教員のさらなる授業力アップさらには学校全体の教育力向上にもつながることを期待しています。

静岡県立伊豆の国特別支援学校　校長　早田 公子

第1章

「ラーニングマップ」の
特徴と活用

特別支援学校学習指導要領解説各教科等編（小学部・中学部）（文部科学省、2018）に示されている各教科の段階の内容は、段階の目標を達成するために必要な内容として、児童生徒の生活年齢を基盤とし、知的能力や適応能力及び概念的な能力等を考慮しながら段階ごとに配列されているものです。解説を読んでみると、一つ一つの内容は理解できるものの、内容のつながりをどのように理解すればいいのか、目標や内容のスモールステップの設定の仕方、生活場面からの教材化など、実際に活用する際には、指導者側の専門性に委ねられている面が大きいと感じます。そこで、筆者らは、知的障害の教育に関わる全ての先生方が教科別の指導に取り組みやすいように、各段階の解説に記載されている目標や学習内容を、複数の発達指標を参照しつつ、関連ある学びごとに系統立てて整理し、「ラーニングマップ」を作成しました。

1 「ラーニングマップ」開発について

(1) 学習指導要領の言葉をそのまま活用

　ラーニングマップの開発にあたっては、解説に記載されている目標や学習内容に関する記述を分節化しました（図1-1）。一つ一つカードに置き換えて、複数の発達指標と教科の系統性を照らし合わせながら、学習内容の関係を明らかにしました。

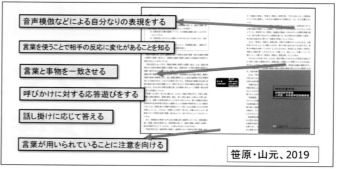

図1-1　学習指導要領解説内容の分節化

　ラーニングマップのカードには、学習指導要領の言葉を使用しているので、ラーニングマップの言葉をそのまま、学習状況の実態把握、学習目標、学習評価に使用することができます。

(2) 知的障害のある児童生徒の国語科、算数・数学科の教科の系統性を整理

　学習指導要領の内容を分節化したカードを、発達の順序性に基づいて、国語科では「聞くこと・話すこと」、「書くこと」、「読むこと」それぞれの文節の意味内容を比較し、同じ発達段階で示しました（図1-2）。同様の手順で、算数・数学科では、小学部1段階では、「数量の基礎」、「数と計算」、「測定」、「図形」、小学部2段階から中学部1段階ま

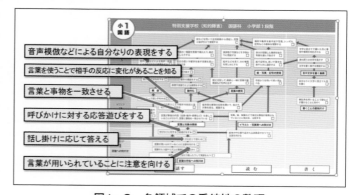

図1-2　各領域での系統性の整理

では、「数と計算」、「測定」、「図形」、「データの活用」、中学部2段階では、「数と計算」、「図形」、「データの活用」、「変化と関係」それぞれの領域で整理しました。

(3)「ラーニングマップ」の構造

　「ラーニングマップ」の縦軸は、各段階で示される目標や内容のまとまりと、その背景にある言語や認知、コミュニケーションに関する発達的基盤の比較から、各段階に3つのSTEPを設定しました（**図1−3**）。このSTEPを設定することで、知的障害のある児童生徒一人一人の学び方と学習内容の両方を把握することが可能になりました。

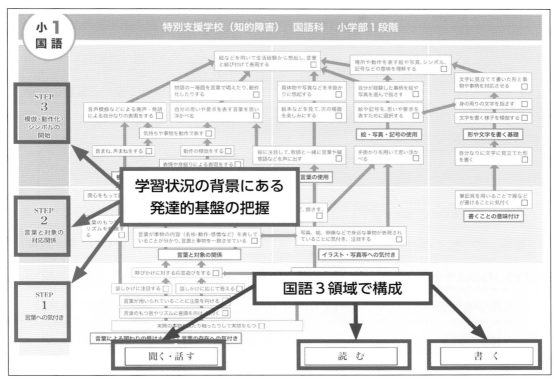

図1−3　「ラーニングマップの構造」

2　各段階と知的障害者の国語科、算数・数学科の学習内容、発達課題を整理

　「中核となる学習内容と発達的基盤」（**図1−4**）は、学習指導要領が示す各段階と発達課題との関連、国語科、算数・数学科の中核的な学習内容の関係性を整理した図です。これは、「ラーニングマップ」の作製の根拠となる図です。すべての「ラーニングマップ」は、この考え方を基に整理されています。

　この関係性を明らかにしたことで、知的障害のある児童生徒の一人一人の学び方と学習内容を把握し、近接の目標や適した評価の設定を可能にしました。

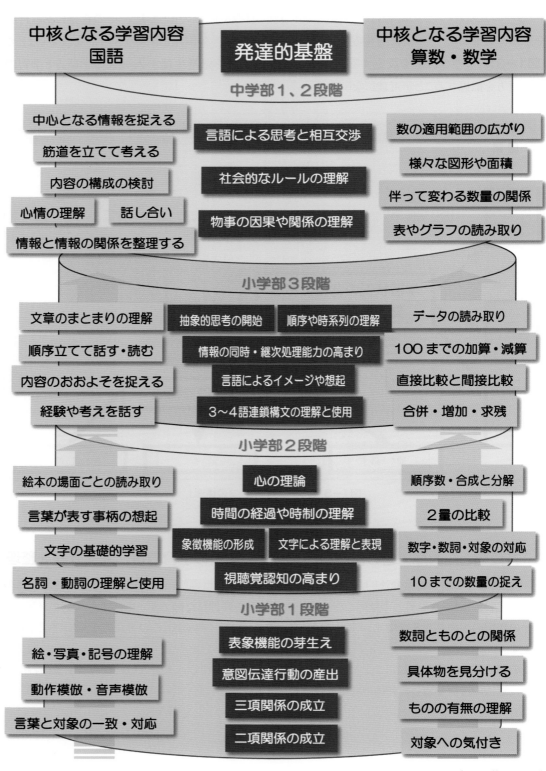

（山元・笹原、2019）

図1-4　中核となる学習内容と発達的基盤

3　「ラーニングマップ」の背景にある発達的基盤

　ラーニングマップでは、知的障害のある子どもたちの外界への気付きから、抽象的思考の萌芽までを「知的障害のある子どもたちの発達の道しるべ」（**図1-5**）のように考えています。

　抽象的な思考が始まるまでには、二項関係、共同注意の成立、三項関係、意図伝達行動の芽生え等、様々な発達課題を達成していく必要があります。定型発達の子どもたちは駆け抜けるように成長していきますが、知的障害のある子どもたちは、一つ一つ教育的課題として丁寧に、一人一人にあった学び方で指導していく必要があります。そのためにも、「ラーニングマップ」から発達的基盤を把握し、意図的に指導したり支援をしたりしながら、学習を支えていくことが大切です。

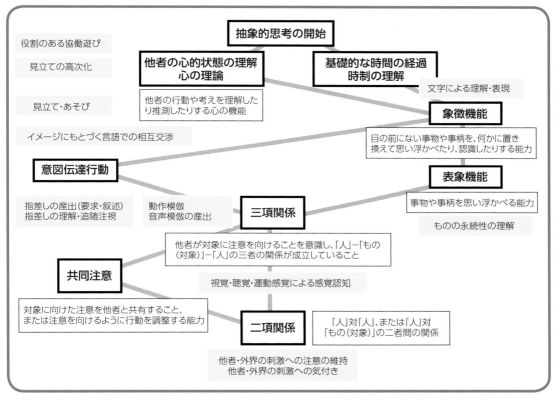

図1-5　知的障害のある子どもたちの発達の道しるべ

4 「ラーニングマップ」の活用

　ラーニングマップは、様々な場面で活用されています。

　以下、主な活用について8つ紹介します。

```
①　知的障害のある児童生徒の実態把握のためのツール
②　知的障害教育における国語、算数・数学の教科の系統性
③　目標と評価の一体化を図るツール
④　学習評価における評価規準としての機能
⑤　教材開発のエビデンスツール
⑥　支援方法を検討するツール
⑦　カリキュラム・マネジメントのツール
⑧　専門性向上のためのツール
```

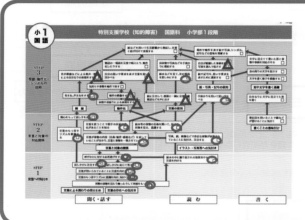

①実態把握
②教科の系統性

　ラーニングマップに学習の状況をチェックすることで、国語や算数・数学に関する実態（学習状況）ができます。また、マップがそのまま教科の系統性を示すので、次の目標を立てやすくなります。

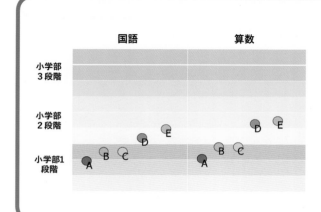

①個々の実態把握と集団の実態把握

　個々の学習状況を把握することで、児童生徒の発達段階や「段階」を把握することが可能です。その個々の情報を集めることで、学習集団の特徴を踏まえて指導することが可能になります。

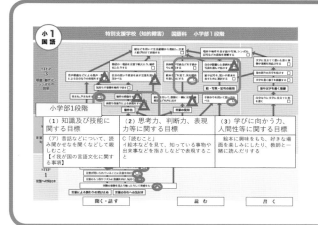

③目標と評価の一体化
④評価規準としての機能

　左図のような実態の場合、緑枠の内容が次の目標のターゲットとなります。その際、学習指導要領の目標は、小学部1段階の内容から選択し、評価規準は緑枠の内容から選択することで、知的障害の児童生徒の学習評価を緻密に実施することができます。

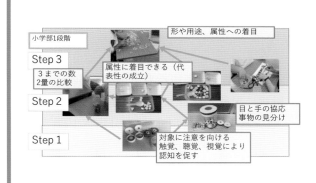

⑤教材開発のエビデンス

　ラーニングマップで実態を把握すると、発達的基盤と学習状況を把握することができます。発達的基盤と学習状況から、どのような操作を通して、どのような思考を萌芽させようかと考え、教材を開発していきます。開発した教材を段階やSTEPごとに整理することで、教材のバリエーションが増えていきます。

＜子ども理解のツール＞
〇国語、算数・数学の 学習状況を把握できる
〇言語コミュニケーション や認知の特性 や実態を共通理解できる
〇各教科等を合わせた指導への 般化
〇生活全般への 指導・支援の共通理解

⑥支援方法を検討するツール

　ラーニングマップを活用してケース会議をもつと、教師間で児童生徒の「学習状況」「言語コミュニケーション」「認知特性」等を共通理解することができます。このことは、深い子ども理解につながり、質の高いティームティーチングを可能にします。

⑦カリキュラム・マネジメントのツール

　ラーニングマップを「評価規準」（国語、算数・数学）として活用します。その評価規準を年間指導計画や個別の指導計画に導入することによって、単元や題材ごとに、学習指導要領の目標や内容をどこまで扱うのかが明確になります。評価規準を明確にすることによって、個々の「学習評価」が可能になり、カリキュラム・マネジメントの評価も可能になります。

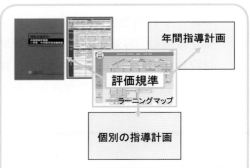

ラーニングマップを評価規準として、学習指導要領、年間指導計画、個別の指導計画をつなぐツールとします。

年間指導計画に「評価規準」を設定します。

「評価規準」を年間指導計画と個別の指導計画に記載することで、児童生徒の一人一人について、学習指導要領の目標や内容を「いつ」「どの単元（題材で）」「何を」「どこまで」扱うのかが明確になります。また、単元（題材）ごとの学習評価が可能になり、これまで不明確であった知的障害のある子供たちの学習評価の管理が可能になります。

⑧専門性向上のためのツール

　①～⑦の活用場面でラーニングマップの活動を続けていくと、知的障害のある児童生徒に関する「発達的基盤の理解」「教科の系統性の理解」「特性の理解」等の専門的な理解が深まることが分かっています。特に、Beginner 層（教員経験 5 年未満の先生方）は「実態把握」に、Middle 層（教員経験 10 年めから 15 年未満の先生方）は「学年組織を中心とした組織的専門性の向上」に効果があると判断しています。全般的には、「ラーニングマップ」を活用した授業づくりに関する研修については、「積極的な参加」「研修の有効性」「研修の満足度」「授業づくりへの意欲喚起」「ラーニングマップの活用方法の理解」のすべての項目において、高い評価を得ています（山元、2022）。次ページのコラムを参照ください。

Column コラム **1**

「ラーニングマップ」の活用に関する研修の効果

　ラーニングマップ活用の効果は、すべての経験年数の層で、「授業力の向上」「自分の専門性の向上」「組織の専門性の向上」「カリキュラム・マネジメントへの効果」の項目すべてで高い評価を得られています。中でも、経験年数ごと、特徴的な効果を以下の表にまとめました。

　知的障害特別支援学校でのラーニングマップの活用の効果は、経験年数ごと学校での役割等が異なることから、効果を実感しているところに違いが出ています。

	授業力の向上	自分の専門性の向上	組織（学年・学部）の専門性の向上	カリキュラム・マネジメントへの効果
Beginner（0年から5年未満）	◎ 実態把握 目標設定	○ 目標設定の妥当性		
Pre-Middle（5年から10年未満）	◎ 実態把握 目標設定	◎ 教科の系統性 目標設定の妥当性	○ 学級集団（授業集団）の専門性の向上	
Middle（10年から15年未満）	○ TT間での実態把握、情報共有	◎ 発達的基盤の理解 教科の系統性の理解 学習評価の妥当性	◎ 学年集団・学部集団の専門性の向上 TTの連携の向上	○ 個別の指導計画への活用 年間指導計画への活用
Veteran（15年以上）		○ 発達的基盤の理解 教科の系統性の理解	◎ OJTへのラーニングマップの活用	◎ 個別の指導計画 年間指導計画への活用 教育課程の評価

山元（2022）

第2章

「ラーニングマップ」から
授業を創り出そう

1　知的障害教育における授業づくりプロセス

　知的障害教育における授業づくりは、図2−1に示す通り、生活の状況や障害の状態、既習学習に基づいて、各段階の学習指導要領の目標や内容を踏まえ、あわせて個別の指導計画、年間指導計画を参照しつつ、目標と評価規準を設定し、単元化や題材化を図り、教材開発、学習活動を設定します。

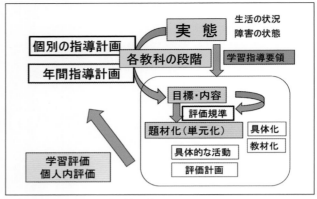

図2−1　授業づくりプロセス（山元・笹原、2020）

2　授業づくりでのポイント

(1) 実態把握（GROW モデル）

　知的障害の児童生徒の実態把握は、障害の状態、生活の状況、学習状況（段階の把握と既習学習）を把握することが大切です（**図2−2**）。3つの側面の実態を把握し、児童生徒にとって最適の目標を設定することになります。

　障害の状態とは、生活や学習の様子だけでは認知特性や発達段階が分からないとき、知能検査や発達検査等を活用して、児童生徒の特性を把握します。こ

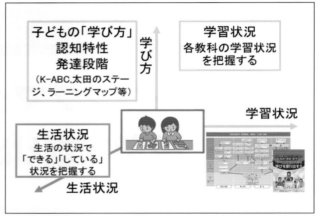

図2−2　GROW モデル（山元・笹原、2020）

の特性を、言語活動や数学的活動の設定、教材開発や単元デザイン等に活用していきます。

　生活の状況とは、家庭生活や学校生活で「できること」「できないこと」「していること」「できるけど、していないこと」等について把握します。知的障害の特性として、「できる」「している」状況が変わってきます。例えば、「3桁の計算や概数について理解はしていないけれど、300円でおやつを買ってくることができる」など、算数・数学の概念としては確立していないけれど、生活のスキル・生活経験としては、既に実行されているという状況はよく見かけます。

この場合、生活スキル・生活経験のままではなく、算数・数学的概念として習得すれば、さらに豊かな生活ができると考えられる場合は、算数・数学として、授業で扱っていく必要があります。

　学習状況とは、学習指導要領の目標と内容についてどこまで習得しているのか、また習得する際に、どのような学びの状況であったかを把握することです。国語、算数・数学であれば、「ラーニングマップ」を活用すると、学習状況を視覚的に把握

することができます。この時、大事なのは、一度授業で目標を達成したからといって、この目標を習得しているわけではないことに留意しましょう。教材を変えたり、単元デザインを変えたりしつつ、般化性を高めていき、「できる」力を「している」力に高めていくといった視点がとても大切になります。

（2）目標設定の方法
①単元目標

児童生徒の実態把握から、学習指導要領の段階を踏まえた目標を設定します。

ラーニングマップで学習状況を把握すると、段階とSTEPが分かります。生活状況や特性を踏まえ、ラーニングマップから教科の系統性を鑑みて、学習指導要領の目標から、適する目標を選択します。

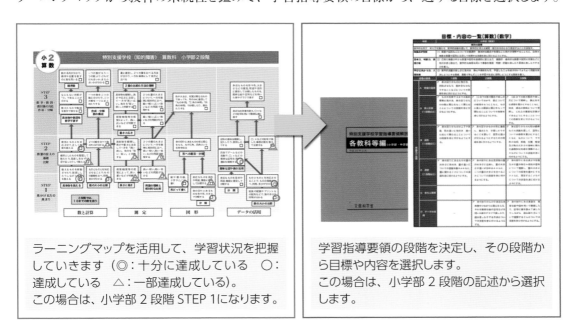

図2-3 ラーニングマップを活用した学習状況の把握

ラーニングマップを活用して、学習状況を把握していきます（◎：十分に達成している　○：達成している　△：一部達成している）。
この場合は、小学部２段階STEP 1になります。

学習指導要領の段階を決定し、その段階から目標や内容を選択します。
この場合は、小学部２段階の記述から選択します。

②授業目標・評価規準

障害の状態や生活の状況を踏まえて、ラーニングマップによる学習状況から、最適な学習内容を選択します。

以下の事例の場合は、小学部1段階の内容は、ほぼ「○」「◎」になっている状況から、実態は小学部1段階STEP 3までの学習はほぼ達成し、現在は、小学部2段階STEP 1であると判断します。児童生徒の実態によって、段階の境界の児童生徒もいると思いますが、その際には、生活状況や学習状況、教科の系統性等を鑑みて、判断するようにします。

この場合には、単元目標は、小学部2段階の目標や内容から選択し、評価規準はラーニングマッ

プの小学部2段階STEP 1またはSTEP 2から選択することが望ましいと考えられます。

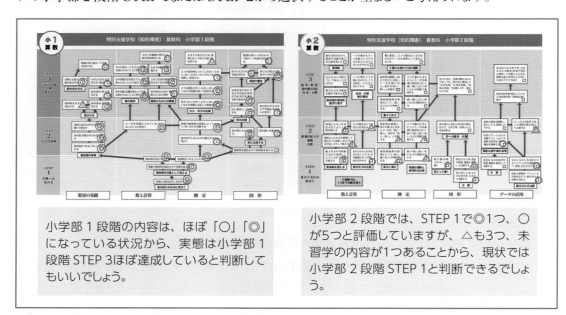

小学部1段階の内容は、ほぼ「〇」「◎」になっている状況から、実態は小学部1段階STEP 3ほぼ達成していると判断してもいいでしょう。

小学部2段階では、STEP 1で◎1つ、〇が5つと評価していますが、△も3つ、未習学の内容が1つあることから、現状では小学部2段階STEP 1と判断できるでしょう。

<目標設定の際の大切なポイント>

 同じ学習内容を選択して、教材や学習活動、単元構成を変えていくなど、横に広げる授業にする

　同じ目標や内容を選択しても、数学的活動（国語の場合は、言語活動）を変えたり、教材を変えたりするだけでも、知的障害の児童生徒は、前時までに発揮していた「できる」力も発揮できなくなることがあります。いわゆる般化性の問題を生じます。そこで、同じ目標や内容を選択して活動を変えたり教材を変えたりすることも知的障害の児童生徒の学力の向上には欠かせない視点となります。

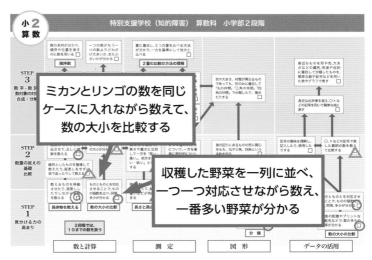

ポイント2　引き上げ課題として、それより上位の学習内容を選択するのか、他領域の学習内容を選択する

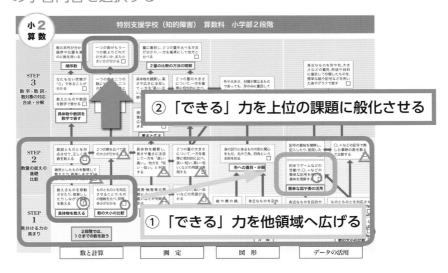

　上図①のように、できる力を他の領域で発揮できるようにすることも、引き上げ課題とし有効です。この場合、数と計算で「具体物を数える」「数の大小の比較」ができるようになった力を、データの活用の「簡単な図や表の活用」へと般化させることをねらいます。また、②では、①で図や表の読み取り場面で、「どれだけ大きいか、小さいか」と思考することによって、自然な文脈の中で減算の基礎的な考え方を萌芽させることが可能になります。

＜単元をデザインする際に大切なポイント＞

ポイント1 学びを横に広げていく

　小学部2段階STEP2【数と計算】「数詞とものとを対応させて、正しく個数を数える」「2つの数を比べて数の大小が分かる」を達成（評価：◎）した場合、その力をより活用できる力にするため次の目標として、小学部2段階STEP2【データの活用】「的あてゲームなどの活動で、〇、×などの簡単な記号を用いる意味を理解する」「〇、×などの記号で表した事柄の数を数えて比較する」を設定して、より実用的な場面で身に付けた力を発揮できるように展開します。

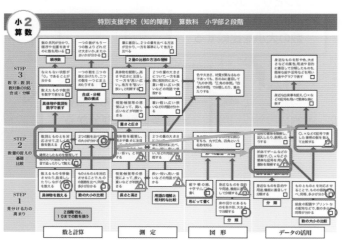

　「データの活用」から関連する発展的な内容を選択して、ゲームなどの勝敗を〇×で示した表を読み取り、数の大小から勝敗を決めることができるようになることを目指す。

　小学部2段階STEP1【数と計算】「数えるものを移動させたり指差したりしながら個数を数える」（評価◎）、「ものとものとを対応させることで、ものの個数を比べ、同等、多少が分かる」（評価〇）を達成している児童生徒の場合、視覚的に長さの比較をしつつ、確認作業として数値化することで、数値で大小を判断できる力を育むことで、量感覚を養いながら数概念を育てることが可能になります。

　結果的に、小学部2段階STEP1【測定】「視覚・触覚等の感覚によって、長い、高いなどが判別できる」（評価：△）を扱い、長さ感覚も育つように展開することができます。

　その際、単元の導入では、具体物を数えて数値化する活動などを扱いながら、単元中盤では、「長さ」等を測定しながら、「長さ」を数値化することを通して、数字の大小について量感覚をもって判断できるように仕掛け、単元終盤ではゲーム（例えば、ミニカーを指で飛ばして距離を測って数値化し競争する）を通して、ピンク枠の内容を発揮していくといった構成を考えることができます。

ポイント2　領域を組み合わせて、より広範に及ぶ学習内容の中で身に付けた学び
を発揮していく

　【ポイント1】で説明したように、①や②で「できる」ようになった内容を横の領域に広げ、関連し
合いながら発揮する力に広げていきます。また、数の大小の比較ができるようになってきたら、③の
内容に引き上げていくことも大切です。
　単元の設定では、単元の導入時は【ポイント1】のような数学的活動を繰り返しつつ、単元中盤
からは③をねらいながら「どれだけ多い」と差に注目させ、単元終盤では、「どのくらい多いか、少
ないか」予想を立てる活動も取り入れつつ、「数」や「量」の感覚を豊かにしていくことも考えるこ
とができます。

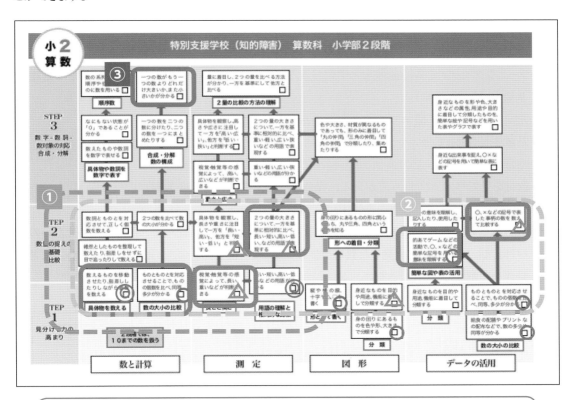

　単元を考える際には、ラーニングマップの教科の系統性や関連性を参考にして、「同じ内
容で教材・題材を変えてより安定した力にする」「同じ領域で引き上げていく」、「同じ STEP
で他の領域に広げていく」、「領域を組み合わせて数概念を豊かにしていく」等、デザインし
ていくことが大切です。

（3）教材開発

　教材開発の視点として、以下の7つが大切になります。

①学習内容について、教科としての系統性を確認する

→ラーニングマップで国語、算数・数学の教科の系統性を縦に横に確認しましょう。

②既習学習（教材、題材、単元等）を踏まえる

→教材、題材、単元展開を変えるだけでも、知的障害の児童生徒は「できる力」を発揮できなくなってしまいます。児童生徒の課題への気づきから、どんな思考をするのかまでを想定して教材開発をしましょう。

③生活状況を踏まえる

→必然的な文脈として言語活動や数学的活動を設定するため、児童生徒の生活状況を把握する必要があります。その際、授業の終盤でどのような生活状況で学んだ内容を発揮させたいのか、想定しておく必要があるでしょう。

④発達的基盤を確認する

→ラーニングマップで発達的基盤と学習状況を把握しましょう（ラーニングマップの縦軸は発達的基盤を示しています）。

⑤児童生徒にって、扱いやすく操作性の高いものになっている

→児童生徒にとって扱いやすく「はじめ」と「おわり」が分かる工夫をしましょう。

⑥児童生徒たちが、どのように取り組んでいいか分かりやすい

→教材を見てパッと取り組み方が分る、操作した因果関係が分かる教材にしましょう。

⑦操作することで、思考できる仕掛けになっている

→知的障害の児童生徒は操作することで思考します。操作することでどんな思考をさせたいのか吟味しましょう。また、開発した教材を整理すること（**図2-4**）で、児童生徒の操作と思考の発達を理解することができます。

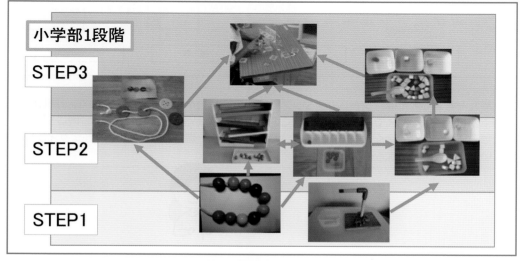

図2-4　小学部1段階における教材の系統性（例）

(4) 学習評価

　特別支援学校学習指導要領解説各教科等編（小学部・中学部）では、『学習評価は、児童生徒一人一人の学習状況を多角的に評価するため、<u>各教科の目標に準拠した評価の観点による学習評価を行うことが重要である。教科別の指導、各教科等を合わせた指導を行う場合でも、各教科の目標に準拠した評価の観点による学習評価を行うことが重要である。</u>』と記載されています（下線は筆者）。

　また、「特別支援学校小学部・中学部学習評価参考資料」（2020、文部科学省）では、『知的障害者である児童生徒に対する教育を行う特別支援学校においても，小中学校と同様に、学習指導要領に示す目標の実現の状況を判断するよりどころとして，評価規準を作成することが必要である。』と述べています（**図２−５**）。あわせて同資料で、『なお，各教科等の指導に当たっては，特別支援学校において，児童生徒一人一人の指導目標，指導内容等の明確化のために個別の指導計画を作成することとなるが，その際，各学校

評価規準	
判断基準 （評価基準）	◎：十分に達成している ○：達成している △：一部達成している

図2−5　評価規準と学習状況との関係

において定める各教科等の評価規準の内容を指導目標，指導内容等の設定に活かすことが考えられる。』と評価規準の個別の指導計画への活用についても示唆しています。

　ラーニングマップは、学習指導要領の目標と内容を詳細化して整理したものであることから、評価規準となります。このラーニングマップを評価規準にすることで、学習評価が分かりやすく、把握しやすくなります。

評価基準（判断基準）について

　本書では、評価基準と記載している部分がありますが、判断基準と同意で使用しています。

〇評価基準（判断基準）の知的障害教育ならではの難しさ

　知的障害教育では、学習状況を「◎：十分に達成している」「○：達成している」「△：一部達成している」と評価するのは難しいです。そこで、伊豆の国特別支援学校では、第7章で述べているように、それぞれの学習の状況を教科の系統性と発達の段階性から具体的な学習の姿を設定し、評価する取り組みをしています。この成果は、教師間での教科のねらいが焦点化され、発達段階が共通理解され、支援策（手立て）が共有されることにあります。この取り組みを繰り返していくことで授業集団としての専門性が向上することが、研修の成果として明らかになっています。

第3章

学校現場での「ラーニングマップ」の活用

本章では、学校現場（特別支援学校）でラーニングマップを活用した授業づくりや、教員研修の実際について紹介します。筆者が所属する静岡県立伊豆の国特別支援学校での組織的なラーニングマップの活用の具体を紹介しつつ、学校現場でラーニングマップを活用することのメリットや授業づくりへの影響、教員研修の有効性や専門性の向上への寄与について解説します。

1　静岡県立伊豆の国特別支援学校が目指す授業づくりと「ラーニングマップ」の活用

　「伊豆の国特別支援学校の紹介と発刊の意義」にあるように、静岡県立伊豆の国特別支援学校は、令和3年度に新規開校した、知的障害のある児童生徒を対象とした特別支援学校です。開校初年度である令和3年度は、小学部83人、中学部30人、高等部39人の児童生徒が在籍し、教育実践をスタートしました。

　平成29年度の学習指導要領改定を受け、伊豆の国特別支援学校では、学校教育目標を「良さが輝き　未来をひらく」と設定し、子どもたち一人一人の資質・能力の育成に向けて新しい教育課程を軸にした教育活動の改善・充実を目指しました。そのためには、児童生徒が授業を通して何を学び得たのかを明らかにし、社会参加・社会自立に向けた子どもたちの確かな力を育む授業実践を行う必要があります。新規開校した特別支援学校で新たな実践をスタートさせる上で、地域の子どもたちの学びの質を支える、知的障害教育の確かな専門性に基づく教育実践を希求するシステム作りが必要になりました。

　そこで、伊豆の国特別支援学校では、学習指導要領に示されるカリキュラム・マネジメントと、個別最適な学びを目指した授業づくりの取り組みを一体的に進めることにしました。カリキュラム・マネジメントの遂行には、児童生徒に何が身に付いたか、学習の成果を的確に捉え、個別の指導計画の実施状況の評価と改善を、教育課程の評価と改善につなげる工夫が必要となります（学習指導要領総則第1章）。すなわち、日々の授業において一人一人が確かな学びを積み重ね、何を学び得たのかを明らかにする学習評価と指導の改善の一体化を目指す必要がある、と言えます。このような経緯の中で、学校全体での授業実践と改善、個別の指導計画の実施・評価・改善、教育課程の評価・改善のサイクルを駆動させるツールとして、ラーニングマップを活用することにしました。

2　学校全体での「ラーニングマップ」の活用方法

　伊豆の国特別支援学校（以下、本校）では、児童生徒の実態把握から授業実践、学習評価を含む授業づくりプロセス全体でラーニングマップを活用しています（**図3-1**）。児童生徒一人一人の学習状況を捉え、授業計画を立案し、学習の進捗状況を丁寧に評価する取り組みの中でのラーニングマップ活用の具体について紹介します。

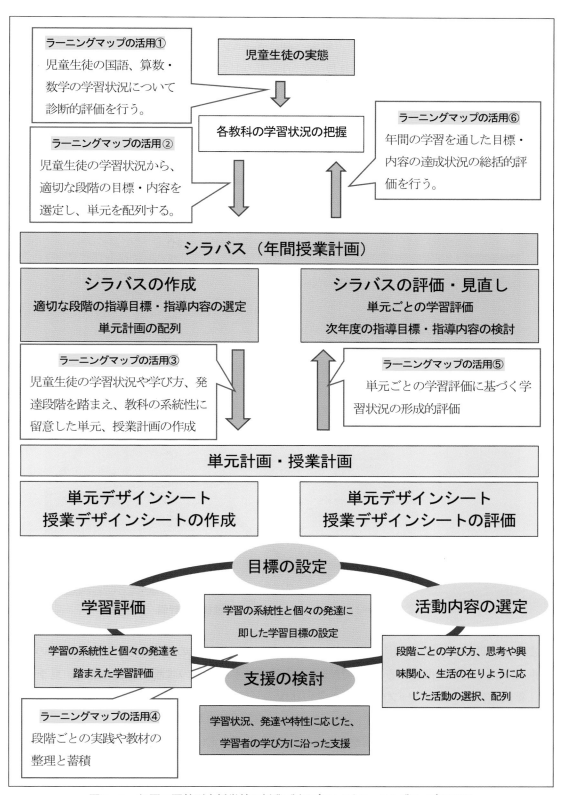

図3-1　伊豆の国特別支援学校の授業づくりプロセスとラーニングマップの活用

(1) 学習状況の診断的評価、総括的評価

　本校では全児童生徒を対象として、年度当初にラーニングマップを活用した学習状況の評価を行っています（**写真3−1**）。国語、算数・数学の学習の中で、前年度までに何を、どこまで履修し、目標を達成しているのか、また各指導領域でどの内容が最近接の課題となるのかを明らかにすることを目的としています。

　知的障害教育において、国語、算数・数学の学習状況を明確に評価することは容易ではなく、ともすると既にできている学習内容、同じ教材を使った活動の繰り返しになってしまうこともあり得ます。ラーニングマップを活用することで、児童生徒一人一人の精緻な学習状況の評価に基づいて、どの目標、内容を扱うのかを選定することができます。実態に即した学習目標、学習内容の選定は、児童生徒の学習の質に直結する重要なプロセスであると言えます。

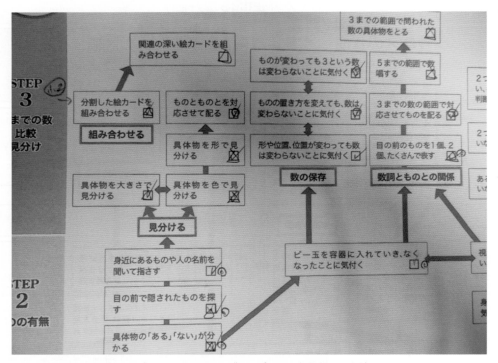

写真3−1　ラーニングマップによる学習状況の評価

　また、学期末や年度末にもラーニングマップを活用して学習状況の評価を行うことで、個々の学習の進行状況を適切に把握することができます。本校では年度初めの診断的評価に加え、夏季休業中、年度末にラーニングマップを活用した学習状況の評価を行い、児童生徒一人一人の学習がどこまで進んだかを明らかにしています。ラーニングマップの活用によって1年間の学習の進捗が整理でき、国語、算数・数学の学びの履歴を見える化できる点が非常に大きなメリットです。

(2) 国語、算数・数学のシラバス（年間学習計画）の作成

　本校では、各教科等で学ぶ1年間の学習内容を各学年で整理した「シラバス」を作成しています（**図3−2**）。国語、算数・数学においては、児童生徒一人一人に「シラバス」を作成し、年度内にどのような学習目標・学習内容を扱い、どのような活動によって授業を行うのか計画を立てています。このシラバス作成時にも、ラーニングマップが手掛かりになっています。

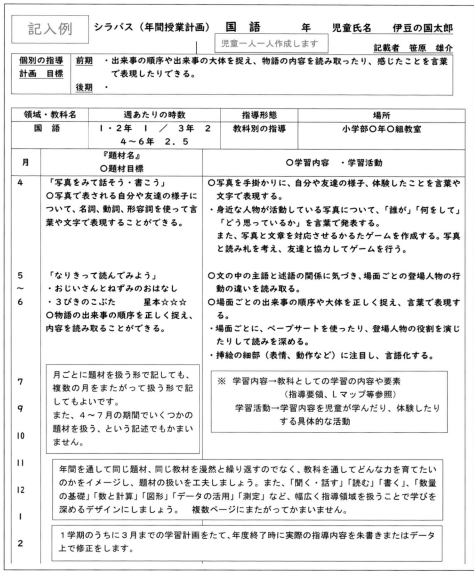

図3−2　伊豆の国特別支援学校の「シラバス」記入例

　本校でのシラバス作成時のポイントは3点あると考えています。まず1点目は、年間で実施する単元すべてが児童生徒一人一人の学習状況に基づいて計画し、シラバスを最近接の内容で構成することです。児童生徒が主体的に学習に取り組み、発達段階に応じた思考を働かせつつ、自分らしい表現力を発揮するためには、欠かせない留意点です。2点目は、国語、算数・数学の幅広い

指導領域を扱い、未履修の内容を減らすことです。教科の目標、内容の学び残しを作らないようにするとともに、漫然と同じ内容、同じ教材での学習を繰り返すことを防ぐことがねらいです。3点目は、「学習内容」と「学習活動」の整理です。1年間の学習の記録を残す際に、どのような活動に取り組んだか、ということに留まらず、教科のどの目標・内容を、どのような学習方法で扱ったのかが分かるようにすることを目指しています。ラーニングマップの学習状況の評価とセットにすることで、何を、どこまで学び得ているか、までを明らかにすることで、年度をまたいで指導者が変わっても効率的に学習を積み上げていくことができると考えています。

　（1）で述べたように、ラーニングマップは児童生徒一人一人の学習状況を明らかにし、どの段階の目標、内容を扱うことが適切であるか整理することができます。同時に、国語、算数・数学の段階ごとの目標、内容の総体が示されています。児童生徒個々に最近接の内容を選定できるとともに、未履修の指導領域を年間授業計画に組み入れることが容易になります。第4章、第5章にあるように、複数の指導領域の内容を関連させながら単元計画を作成することの助けにもなると考えています。

（3）単元計画・授業計画の立案

　国語、算数・数学の授業を単元化し、授業案を作り、実践化する上で欠かせない手続きが、児童生徒一人一人の学習状況と発達の特徴を丁寧に捉える実態把握です。どの段階の目標、内容について学ぶことが適切であるかを見極めることは、学習目標の達成、深い学びの実現に大きく関わる重要な事柄であると言えます。**図3-1**に示すように、目標の設定、活動内容の選定、学習者の学び方に沿った支援や評価規準の検討など、単元計画作成の一連にラーニングマップを活用す

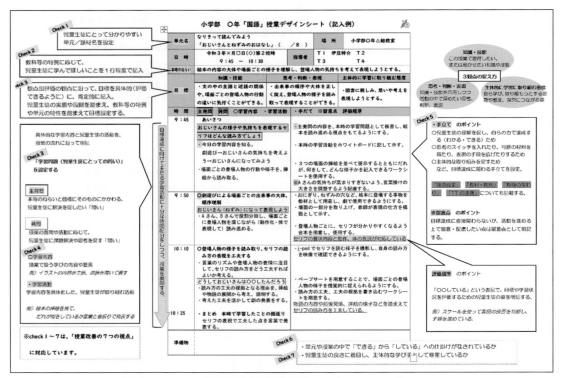

図3-3　伊豆の国特別支援学校の「授業デザインシート」記入例

ることができます。本校で使用している授業案（略案）は「授業デザインシート」（**図3−3**）という名称で呼んでおり、児童生徒の学習状況に応じた授業デザインを検討するツールとして活用しています。ラーニングマップを活用して整理した情報をもとに、授業として具体化する際のポイントを書式の中に記載し、学校全体で共有しています。

　ラーニングマップは、段階ごとの学習内容を発達段階と整合することで、系統性を整理しているため、学習内容のまとまりがどのような学習のレディネス（準備の状態）で構成されているかを考えることができます。例えば、国語小学部1段階の「絵に注目して、教師と一緒に言葉や擬態語などを声に出す」という学習内容を扱う際には、イラストで身近な事物が表現されていることへの気付き、言葉と事物の対応、教師の言葉に注意を向けることなどが関連する学習内容として挙げられます。このように、扱いたい目標や内容を学習活動として具体化して単元デザインをする際、どのような単元構成をするのか、系統性を踏まえながら単元計画を検討することができます。また、指導内容が明確になるため、内容のまとまりごとの評価規準を検討するヒントにもなります。

　ラーニングマップは系統性の整理とともに、段階ごとの中核的な学習内容に関連する発達的な力も整理しています。各段階の内容を学ぶ際、どのような発達的な力が必要であるのか、またその段階での学び方の特徴や一般的な配慮についても整理する手掛かりとなります。学習者の学び方、特性に沿った支援や手立てを単元計画に盛り込みながら、実践を具現化することにもつなげることができます。

（4）教材開発

　（3）で述べた点と共通して、段階ごとの学習を進める上で、学習者の学習状況や学び方に応じた、適切な教材開発も欠かすことができない授業づくりプロセスのひとつです。ラーニングマップによって、教材のねらい、活用の仕方が明確になるとともに、教材を段階、STEP、指導領域ごとに整理する視点を持つことができます。つまり、教科の系統性の中に教材を位置づけることが可能になります（第6章参照）。本校では、段階ごとの教材集を作成することで、一人一人の教員が作成した教材のアイデアを組織的に共有することを試みています。教員が個々に持つ指導のアイデアを、学校全体の知見にすることで、効率的、効果的な指導を目指すことが目的です。

3 「ラーニングマップ」を活用した授業づくり・授業改善を進めるための校内研修

　ラーニングマップを組織的に活用し、授業実践の質的改善を進めるためには、その意義や目的を学校全体で共通理解し、ツール活用の方法を授業実践・評価・改善のシステムに組み込む必要があります。ラーニングマップを活用する先生方が、授業の質的改善に向けたポイントを意識し、授業改善に向けた取り組みを具体化し、児童生徒の変容や自身の専門性の高まりを実感できることが重要だと考えています。ともすると、ツールを使用することだけが目的になったり、アセスメントした内容が実践に反映されなかったりして、形骸化することがありがちです。的確な実態把握に基づく個別最適な学びのもと、確かな学びを積み重ねる実践を希求する学校風土を醸成するためのラーニングマップの活用を目指し、校内研修を運営したいと考えました。単にラーニングマップの評価方法を周知するだけに留まらず、ツールを使いこなして授業改善を推し進めるために必要な専門性を高める研修に取り組んでいます。発達の段階性や子ども一人一人の学び方の特徴など子ども理解に関する研修、事例研究を通した教科の系統性や段階ごとの中核的な指導内容の分析、学習評価の手法の検討、段階ごとの指導方法や開発した教材の情報共有など研修内容、研修形態を様々に工夫して授業力向上を目指しました。

　伊豆の国特別支援学校で校内研修の具体的な取り組みについて、紹介します。

(1)「ラーニングマップ」の理論的背景と活用方法のガイダンス

　年度はじめに、ラーニングマップの理論的背景と活用の意義、方法についてガイダンスを行い、段階ごとの学習内容の系統的な整理やその背景にある発達的基盤を確認するとともに、ラーニングマップを用いた学習状況の評価方法の共通理解を図りました。ラーニングマップを活用する年間スケジュールを確認し、個別の指導計画の目標設定やシラバス（年間授業計画）の作成、授業づくりとの関連を整理できるようにしました。

　学校全体でツール活用を進める際、ラーニングマップのツールとしての機能だけでなく、その理論的な背景についても共通理解を図ることが重要だと考えています。子どもたちの現在ただ今の学習状況とそれに関連する発達的な力、個々の学習者としての特性を見つめるための視点をもつ研修機会として、年度のはじめにこのガイダンスを設定しています。

(2) 授業づくりに関わるテーマ別選択研修

　夏季休業中の8月第1週を研修週間とし、授業づくりに関わる複数のテーマを設定した研修会を実施しました。テーマは感覚と運動の高次化理論などの発達に関する内容、応用行動分析などの内容、ICFに基づく子ども理解に関する内容、各教科の見方・考え方を働かせた授業づくりに関する内容、自立活動に関する研修、カリキュラム・マネジメントに関する研修など、8つの内容を設定し、各教員自身の興味関心やキャリアに即して選択できるようにしました。テーマ別の研修は、それぞれのテーマに関する専門性を有する校内の教員が講師を務め、同僚と学び合う形で運営しました。

　学校研究として取り組む国語、算数・数学の研修だけでなく、子ども理解や指導に関する理論・技法を幅広く学ぶことで授業づくりに関わる専門性を拡げる気運が高まりました。研修実施後のアン

ケートからも、「より深く研修を継続して実践に活かしたい。」、「自分が選択したテーマ以外の内容も研修したかった。」などの意見が数多くあり、満足度の高い研修機会となっています。同僚同士で学び合い、研修意欲を持続的に高める雰囲気づくりにも寄与していると考えています。

(3) 段階ごとの指導方法の分析とショートミーティング

小学部、中学部、高等部それぞれの単位で行っている学部研修では、担当する児童生徒の実態、段階が近い教員で小グループを編成し、その段階ごとの指導内容について分析する研修を行っています。指導内容の系統性や指導方法、教材の有効性について、お互いの授業を参観し合いながら短い時間で協議し、よりよい学習の展開、活動内容、段階ごとの学び方に沿った支援や教材の工夫について情報共有しています。指導経験や専門性が豊富な教員から、若手に対するスーパーバイズを行う機会にもなっています。すべての教員が自らの授業を参観してもらい、授業改善の機会を持つことができるようにしています。実際の授業場面から児童生徒の学習状況をみとり、指導の改善を効率的に図るための研修機会としています。

写真3－2
授業改善に向けたショートミーティング

(4) 授業研究会、授業づくり学習会での学習評価に基づく授業改善

外部の専門家（静岡大学教育学部　山元薫氏）や、近隣校の専門性の高い教員を招聘した授業研究会や授業づくり学習会を実施し、校内研究の進捗や授業実践の質的改善の経過について評価しつつ、組織全体での授業力向上の機会としています。児童生徒個々の学習状況の評価に基づく、学習評価が機能する授業研究に取り組み、確かな学びを積み重ねるための実践知の蓄積を図っています。外部の専門家の助言に基づいて設定した本校の「授業づくり・授業改善の7つの視点」（表3－1）を設定して授業づくりの方向性を整理することができた点がひとつの大きな成果です。また、公開授業研究会では、ラーニングマップを活用した各学部の授業実践の指導経過をまとめたポスター発表にまとめ、近隣校からの参加者に実践報告を行っています。

表3－1　伊豆の国特別支援学校版　授業づくり・授業改善の7つの視点

伊豆の国特別支援学校版　授業づくり・授業改善の7つの視点	
①	題材名、単元名は子どもたちにとって分かりやすいものになっているか
②	各教科等の特質に応じた学習内容・学習活動を設定しているか
③	学習課題（ねらい）、学習問題（問い）が設定されているか
④	なぜ、何のため学ぶのか、示されているか
⑤	教材・教具は扱いやすく、繰り返し活動が可能で、教科のねらいに迫るものになっているか
⑥	単元の中で、授業の中で、「できる」から「している」への仕掛けがなされているか
⑦	児童生徒の良さに着目し、主体的な学び手として尊重しているか

(5) 事例研究を通した教科の系統性や段階ごとの中核的な指導内容の分析

（3）、（4）で取り組んだ研修をより深めるため、校内の希望者を募って自主勉強会を行い、事例研究を通して段階ごとの指導内容を分析し、より効果的な指導を目指す機会を設けています。勉強会ごとに、例えば国語科小学部1段階の「事物と名称の一致を目指した教材、指導の工夫」、算数科小学部2段階の「10までの数の合成・分解の理解を促す操作的活動」などのテーマを設け、段階ごとの中核的な指導内容の指導方略を検討する機会を設けています。

4　専門性の向上への寄与

本校でのラーニングマップ活用の目的は、適切な実態把握に基づく授業実践力の向上、学習評価・指導の評価に基づく授業改善に取り組むPDCAサイクルの確立、国語、算数・数学のよりよい実践知の組織的な共有です。子どもの学習状況を捉え、授業を計画、実践し、評価することを繰り返すことで、本校の教員の授業実践に関わる専門性にどのように影響したかを分析・検討しました。

ラーニングマップを活用した授業づくり研修や、授業研究の取り組みを継続して実施したことで、教員自身の授業づくりに関する意識や行動の変容、研修効果の実感があったかを問うアンケート調査を実施しました。表3−1に示す質問項目に対する4件法での回答、自由記述での回答から、ラーニングマップを活用した授業づくり研修を通した専門性の向上について、以下のように整理しました。

(1) 授業づくりに関する「意識」、「行動」、「研修効果の実感」の変化

ラーニングマップの活用による授業づくりを進めることでの成果を、アンケート調査や日々の授業実践の変容から整理すると、以下の2つの点を挙げることができます。

ア　児童生徒の実態や学習状況、段階を適切にアセスメントする「意識」の向上

授業づくりに関わる教員の意識として、最も大きな変化が見られたのは、児童生徒の実態、学習状況、学習指導要領の段階を丁寧に捉えようとすること、教科の系統性、指導の順序性を踏まえることの2点が挙げられます。ラーニングマップが個々の学習状況を評価する指標となり、また段階ごとの学習内容の総体を見える化するツールとなったことで、適切な実態把握の意識を高めることにつながった、と考えています。教科の系統的な視点を踏まえ、児童生徒一人一人が何を、どこまで達成しているのか、課題とする内容は何なのかを適切に検討する意識が高まったと言えます。

イ　適切な実態把握と教科の系統性を踏まえた授業づくりに関する「行動」の変容

授業づくり、授業実践の過程で最も変化が見られたのは、学習目標、学習内容の適切な選定がなされるようになった点です。児童生徒の適切な学習状況の評価をし、教科の系統性を踏まえて単元や授業の目標や内容を検討がなされるようになったと言えます。また、国語、算数・数学の授業改善を行い、児童生徒の学習の充実を図ることができた、という意見も多く見られました。児童生徒の実態や教科の系統性を踏まえた教材開発も数多くなされ、それを組織的に共有、情報交換しようとする取り組みが増えています。アンケートの自由記述からも、適切な目標、内容の設定が効率的に行えた手ごたえや、それに基づく授業実践の変容や児童生徒の成長があったこと

が示されています。

(2) 国語、算数・数学の授業づくり、授業研究の組織的な推進

　本校で進める授業づくり研修は、実態や段階が近い児童生徒を担当する教員同士で小グループを編成し、段階ごとの授業研究、事例研究を繰り返しながら取り組む形で運営しました。結果、国語、算数・数学の各段階の中核的な学習内容の授業研究、教材研究が進み、実践に関わる指導や教材のアイデアを組織全体で共有しようとする雰囲気が広がりました。ラーニングマップによる系統性の見える化によって、各段階の実践知を組織的に蓄積する取り組みが増えた、と言えます。アンケートの自由記述からも、児童生徒の学習の様子や授業の進め方、教材の作り方などの情報共有が進み、授業づくりの効率化につながった、などの意見が多く見られています。

ラーニングマップ活用に関する伊豆の国特別支援学校教員の意見（アンケート自由記述一部抜粋）

実態把握に関する意見

・国語、算数・数学のどこにつまずきがあるか、わかりやすい。
・発達段階と学習指導要領の内容との関連が図られていて、実態を多面的に捉えやすい。
・複数の教師で児童生徒の学習状況を客観的に情報共有しやすい。
・ラーニングマップをチェックするには教材が必要。改めて教材開発の必要性を感じる。また、段階表の欠点として見かけ上できたという評価ができてしまいがちなので気を付けたい。

目標、学習内容設定に関する意見

・ラーニングマップを使って実態把握をしたことで、適切な学習内容の設定をした授業づくりができた。
・単元目標、個別の指導計画の目標を立てる際に参考になる。
・段階ごとの姿がイメージできて、目標が立てやすくなった。
・児童生徒の目指す姿や付けていく力を思い描くことができ、その道筋の基準としても活用できた。
・目標とそれに応じた学習内容の決定に根拠が持てる。

授業づくり、授業改善への活用に関する意見

・授業づくり、授業改善をするのに活かすことができた。
・生徒自身の学びの現状を明確化することができ教員間での情報共有や助言の際に役立った。
・児童生徒の発達段階について学年や学級内で把握して、授業につなげることができている。
・全体像を網羅して教科の内容を捉えられ、児童生徒の長所を生かして教材教具を準備しやすい。
・段階ごとの内容の横のつながりが整理しやすく、授業計画に活かすことができた。
・このツールを活用してから、学習指導要領を読むと、理解が進むように感じる。

学習評価に関する意見

・学習の方向性や児童の発達成長（学習の習得状況）を確認できるので、困ったり悩んだりしたら見るようにしている。
・評価規準が設定しやすい。
・引継ぎ資料として活用することが効果的だと感じた。年度をまたいでどんな学習を積み重ねているかがすぐにわかる点が有効。

図3－4　ラーニングマップ活用に関する伊豆の国特別支援学校教員の意見

授業改善の7つの視点

静岡県立伊豆の国特別支援学校では、教科別の指導の授業改善の視点として、以下の7つの視点を大切にしています。

①単元名（題材名）は児童生徒にとって分かりやすいものになっているか

→児童生徒が、国語や算数・数学の授業で、何ができるようになるのか、どんな力がつくのかが分かる単元名（題材名）になっていると、児童生徒が見通しをもって学習に取り組めます。

②国語では、「言語活動」を設定しているか

→児童生徒は、学習活動（言語活動）を通して言葉と出会い、獲得し、使いこなせるようになります。そのため、必然的な文脈で活動できるように設定しましょう。

③算数では、「数学的活動」を設定しているか

→児童生徒は操作的な活動を通して、数学的思考を萌芽させます。何に着目して、どのように操作的思考を芽生えさせるのか、児童生徒の特性や発達段階を踏まえて設定しましょう。

④学習課題（ねらい）、学習問題（問い）が設定されているか

→児童生徒の「素朴な気づき『えっ』」や「問い『なぜ』」が生じるように授業を展開します。その際には、児童生徒に学習問題（気づき、問い）を持たせるため、導入の工夫や教材の工夫が欠かせません。

⑤なぜ、なんのために学ぶのか、示されているか

→児童生徒に、単元の見通し、「今」この見通し、ゴールの見通し、何ができればいいのかが分かるように提示しましょう。

⑥教材・教具は、児童生徒が扱いやすく、繰り返し活動が可能で、教科のねらいに迫るものになっているか

→ラーニングマップから発達段階と教科のねらいを吟味し、開発しましょう。

⑦単元の中で、授業の中で、「できる」から「している」への仕掛けがされているか

→知的障害のある児童生徒は、授業で「できる」力を生活で「している」力にすることに困難さがあります。とかく教科指導がスキル学習（計算できればいい、お金の計算ができればいい、時間が読めればいい等）になると、般化は難しいと言われています。児童生徒は、問題に気付き、身に付いた力を使って解決しようとする力（思考力）までを含めて、授業の中で「できる」力に押し上げることが大切です。そのことによって、生活の場面でも状況に問題を見いだし、身に付けた力を使って解決しようとする力が般化していくのです。

令和３年８月　伊豆の国特別支援学校校内研修（山元講演資料）より抜粋

第4章

「ラーニングマップ」を活用した授業づくりと教材開発

この章では、第2章と第3章、コラム「授業づくりの7つの視点」に基づく、実践校における具体的な「ラーニングマップ」を活用した実態把握からの「授業づくり」と「教材開発」について紹介します。

　「ラーニングマップ」を活用することで、授業のねらいが明確になり、児童生徒に素朴な気付きや「問い」が生まれ、教科的な思考が萌芽され、操作的な活動や学習が展開されています。授業が展開される中で、児童生徒の思考が深まっていくように、発達段階に応じて工夫がされています。

　次頁からは各段階各 STEP の実践について、「授業カード」と「ラーニングマップによる実態把握」、開発した各教材の「教材の使用方法や指導のポイント」「教材を使用した学習の様子・ここが有効!」を記載しています。

■「授業カード」のポイント!

① 【単元名・題材名の設定】
　　単元名や題材名が児童生徒にとって分かりやすく、教科の学ぶ意義（何を学ぶのか）が反映されている

② 【目標と評価規準の設定】
　　目標は「知識・技能」「思考力・判断力・表現力」「学びに向かう力、人間性等」の3つの観点で設定され、評価規準として「知識・技能」「思考力・判断力・表現力」「主体的に学習に取り組む態度」で設定され、評価方法や基準が明確である

③ 【言語活動、数学的活動の設定】
　　児童生徒の思考が萌芽し深まるように、学習活動が設定されている

④ 【操作的思考の設定、働かせたい教科の見方・考え方の設定】
　　教材教具は、児童生徒の学習状況、段階、興味関心、生活年齢を踏まえて教材化を図り、主体的な取組を促す
　　教材教具は、児童生徒が扱いやすく、繰り返しの活動が可能で、操作することで思考が萌芽し、教科の見方・考え方が働いていく仕掛けがされている

⑤ 【「問い」の設定】
　　児童生徒の素朴な気づきや問いが生まれる仕掛けがされている

⑥ 【「できる」から「している」への設定】
　　自然な文脈での学び、生活で発揮されるための仕掛けがされている

⑦ 【課題達成型から目標創出型の学習へ】
　　「できた」だけでなく、「できた」「分かった」「じゃ、これは?」と思考が萌芽し、スパイラルに学びが発展していく仕掛けがされている

授業カード

国語　小学部1段階　STEP 1

単元名	よく見よう　よく聞こう（7／15）		
本時のねらい	提示された物に注目したり、言葉に注意を向けたりしながら、物を操作する。		
目　標	知識・技能	思考・判断・表現	学びに向かう力・人間性
	提示した物に注目することや、それを動かすことが分かる。（小学部1段階）	繰り返しの言葉に気付き、教師や絵本に注意を向ける。（小学部1段階）	自分から教材に手を伸ばして、操作しようとしている。（小学部1段階）
	小学部1段階　STEP 1		

時　間	主発問　発問　○学習内容・学習活動	・手だて　※留意点　評価規準
10:45	始めの挨拶 ○自分や友達の写真を選ぶ。 **返事をしよう、写真を選ぼう** ・名前を呼ばれたら、「はい」と返事をしたり、ハイタッチをしたりする。 ・自分の写真を選び、ホワイトボードに貼る。	・同じ学習グループの2枚の写真から選ぶ。クラスの児童の名前や写真なども加えていくなど、児童に合った方法で行う。 <u>自分のやり方（ハイタッチや声）で返事をしている。</u> <u>自分や友達の名前や写真が分かり、見たり、触れたりしている。</u>
10:55	○イラストへの注視　繰り返しの言葉への気付き **何したのかな、やってみよう、選んでみよう** ・絵本『だるまさんと』を聞きながら、登場人物の動きを模倣する。 ・登場人物の動きを楽しみに、カードを選ぶ。 ・登場する果物「イチゴ」「バナナ」「メロン」を絵カードから選び、教師にカードを渡す。	・教師がセリフをリズミカルに読んだり、登場人物の動きを模倣したり、楽しい雰囲気の中で読み聞かせを行う。 ・絵と同じカードを見たり、触ったりする、次の場面を楽しみに登場人物の動きのイラストを選び、触ったり、指差しをしたりするなど、児童によって課題を変えて行う。 ・絵カードを選び、「○○ちょうだい」とジェスチャーを交え行い、教師に手渡すところまで行う。 ・「イチゴ」「バナナ」「メロン」「ちょうだい」という言葉を意識し、はっきりと伝える。
11:15	・絵本『おせんべやけたかな』の言葉を聞いて、フェルトで作ったおせんべを、順番に裏返していく。 ・好きなページを開き、絵本に親しむ。	・フェルトで作ったおせんべの顔（表情）に気づくように、絵本の上に同じものを乗せて提示する。 ・裏返したフェルトのおせんべをひっくり返し、おせんべの顔に気付いて注目するよう促す。「やけたかな。」の言葉を乗せて、お話の雰囲気を感じるようにする。 <u>絵本の中のイラストに注目し、触ったり指さしをしたりしている。</u> <u>絵本と同じカードを見たり触れたりしている。「ちょうだい」とう言葉がけとジェスチャーで教師にカードを渡している。</u>
11:30	・課題袋をかごまで運び、片付ける ・終わりの挨拶	・花丸の予定カード（裏側）を見て、課題が終わったことが分かるようにする。
準備物	絵本教材、絵カード	

ラーニングマップによる実態把握

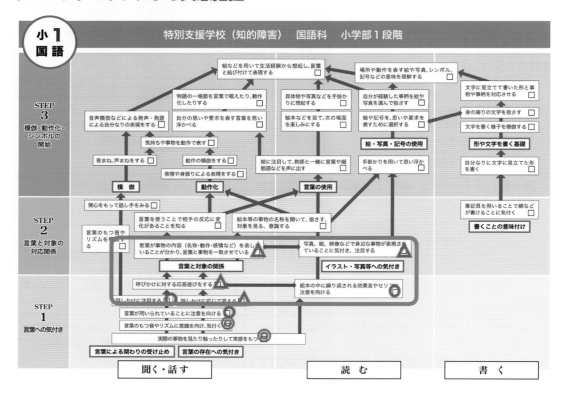

小1 国語

特別支援学校（知的障害）　国語科　小学部1段階

STEP 3 模倣・動作化・シンボルの開始

絵などを用いて生活経験から想起し、言葉と結び付けて表現する □	場所や動作を表す絵や写真、シンボル、記号などの意味を理解する □

物語の一場面を言葉で唱えたり、動作化したりする □
自分の思いや要求を表す言葉を思い浮かべる □
具体物や写真などを手掛かりに想起する □
自分が経験した事柄を絵や写真を選んで指さす □
文字に見立てて書いた形と事物や事柄を対応させる □

音声模倣などによる発声・発語による自分なりの表現をする □
気持ちや事物を動作で表す □
絵本などを見て、次の場面を楽しみにする □
絵や記号を、思いや要求を表すために選択する □
身の周りの文字を指さす □
文字を書く様子を模倣する □

音まね、声まねをする □
動作の模倣をする □
表情や身振りによる表現をする □
絵に注目して、教師と一緒に言葉や擬態語などを声に出す □
手掛かりを用いて思い浮かべる □
自分なりに文字に見立てた形を書く □

模　倣　　**動作化**　　**言葉の使用**　　**絵・写真・記号の使用**　　**形や文字を書く基礎**

STEP 2 言葉と対象の対応関係

関心をもって話し手をみる □

言葉を使うことで相手の反応に変化があることを知る □
絵本等の事物の名称を聞いて、指さす、対象を見る、意識する □
筆記具を用いることで線などが書けることに気付く □

言葉のもつ音やリズムを模倣する □
言葉が事物の内容（名称・動作・感情など）を表していることが分かり、言葉と事物を一致させている ⚠
写真、絵、映像などで身近な事物が表現されていることに気付き、注目する ⚠

言葉と対象の関係　　**イラスト・写真等への気付き**　　**書くことの意味付け**

STEP 1 言葉への気付き

呼びかけに対する応答遊びをする ⚠
絵本の中に繰り返される効果音やセリフに注意を向ける ●

呼しかけに注目する □　呼しかけに応じて答える ⚠
言葉が用いられていることに注意を向ける ●
言葉のもつ音やリズムに意識を向け、気付く ●
実際の事物を見たり触ったりして実感をもつ ●

言葉による関わりの受け止め　　**言葉の存在への気付き**

聞く・話す	読　む	書　く

教材①

教材の写真	教材の使用方法や指導のポイント
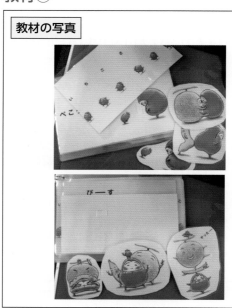	・絵本の読み聞かせを何度か行った後、挿絵と同じ絵を選び、同じ場所に貼る。 ・児童によって同じ絵を選ぶマッチング、また挿絵を隠し、話の流れや挿絵に書かれた言葉から想起し挿絵を選び貼ることもできる。
	教材を使用した学習の様子・ここが有効!
	この絵本の動きが好きで、動きを楽しくまねていたので、イラストを選ぶ時も楽しそうに選ぶことができた。前ページの内容や書かれているセリフからも動きがイメージしやすく、言葉、動き、イラストと結びつけていくことができ、楽しく取り組めた。

教材②

教材の写真  	**教材の使用方法や指導のポイント** ・絵本に登場する立体物を動かしながら、教師が読み聞かせ（語り）をする。 ・絵本の言葉（繰り返しの言い回し）に合わせて、児童が立体物を操作するよう、働きかける。 **教材を使用した学習の様子・ここが有効!** ・絵本に出てくる物を具体物にすることで、注目しやすい。 ・擬態語や繰り返しの言い回しが出てくる簡単なストーリーを選ぶことで、言葉の音やリズムに気づくことができる。 ・教師の呼びかけに応じて、具体物を動かすやりとりが、ストーリーにのって楽しく取り組むことができた。

『おせんべやけたかな』（こがようこ，童心社）

単元名	まねしてみよう（5／12）		
本時のねらい	絵本で身近な事物が表現されていることに気付き、注目する。 教師の言葉や動作を模倣しようとする。		
目　標	知識・技能	思考・判断・表現	学びに向かう力・人間性
	絵本の台詞や効果音を復唱したり、動作をまねしたりすることができる。 （小学部1段階）	絵本に表現されている物の名称や動作を言葉と結び付けている。 （小学部1段階）	絵本に興味を示し、呼びかけに対して、言葉や動作で表現しようとする。 （小学部1段階）
	小学部1段階　STEP 2		
時　間	主発問　発問　○学習内容・学習活動		・手だて　※留意点　評価規準
9：45	始めの挨拶 ・教師と一緒にサインを使ったり声を出したりして挨拶をする。		・サインを使いながら、ゆっくりとリズミカルな声を聞かせる。
9：48	今日の学習 とんとんとん何の音? ○1音1動作遊び ・聞こえたら入れたり掛けたりする活動を繰り返す。 ○イラストへの注視　動作模倣 ・絵本『おつきさんこんばんは』を見たり聞いたりする。 ・教師と一緒に声を出してセリフを言ったり動作化をしたりする。		・サインを添えながら絵カードの確認をし、ホワイトボードに順番に並べるように働きかけ、学習の始まりが意識できるようにする。 ・2つの楽器を用意し、選べるようにする。 ・初めは見えるところで音を確かめ、「聞こえた」のサインで表現することを確認する。 ・「入れて」「待ってて」「ちょうだい」「もう1回」の言葉や身振りを活動の途中や合間に意図的に使い、やりとりができるようにする。 ・ゆっくりとリズミカルに話す。ページをめくるタイミングやスピードを工夫し、「つき」に注視できるようにする。また、子供が見ている絵に、言葉をのせたり声の模倣を促したりしながら読み進める。 <u>「つき」に興味をもって見ようとし、絵本の中に繰り返されるセリフに注意を向けようとしている。</u>
10：05	○呼びかけに対する応答遊びをする。 ・絵本『しろくまちゃんのホットケーキ』に出てくるものを具体物で選ぶ。 ・言葉や挿絵の動作をまねする。 ・挿絵を見ながら効果音や擬態語などを声に出して言う。 ・呼びかけに応じて、言葉や動作で表現する。		・絵本の場面を具体的にイメージしやすいように、調理器具の具体物を用意する。 ・呼びかけに応じやすいように、具体物を提示して誘い掛ける。 ・効果音や擬態語をより具体的に伝えられるように、教師が具体物を操作して見せる。 ・児童の興味を引けるように、教師が具体物を操作する見本を見せ、誘い掛ける。 <u>教師の呼びかけに応じて、言葉を言おうとしたり、具体物を操作しようとしたりしている。</u>
10：30	終わりの挨拶		・補聴器を外すことを一緒に行い、大切なものであることを、サインで伝える。
準備物	楽器、絵本、調理用玩具（フライパン、ボウル、お皿など）、食材の玩具（卵、牛乳、ホットケーキミックスなど）		

ラーニングマップによる実態把握

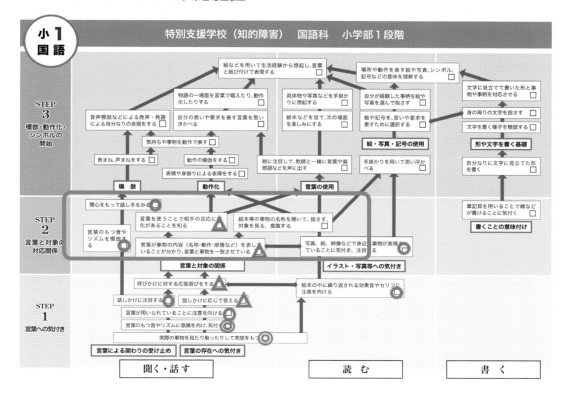

小1 国語　特別支援学校（知的障害）　国語科　小学部1段階

教材①

教材の写真	教材の使用方法や指導のポイント
	・絵本の読み聞かせを何度か行った後、絵本の挿絵と同じ模型を選ぶ。 ・言葉と事物を対応させられるように、言語環境を精選し、注意を向けやすくする。 ・効果音や擬態語の模倣を促す。
	教材を使用した学習の様子・ここが有効!
	具体物に触れ、操作しながら効果音や擬態語を自分なりの発語で表現しようとする様子が見られ、絵本に親しむことができた。具体物に触れるタイミングで事物の名称を語り掛けることで、事物とその名称をマッチングすることを促すことができた。

単元名	どんなうごきかな?（10 ／ 15）		
本時のねらい	イラストで表された事柄を言葉で伝えたり動作化したりすることができる。		
目　標	知識・技能	思考・判断・表現	学びに向かう力・人間性
	イラストや絵本を見て、表された内容と言葉を対応させて理解することができる。 （小学部1段階）	イラストや絵本を見て、言葉や動作で表現することができる。 （小学部1段階）	自分から言葉や動作で伝えようとしている。 （小学部1段階）
	小学部1段階　STEP 3		

時　間	主発問 発問 ○学習内容・学習活動	・手だて　※留意点　評価規準
10：45	・始めの挨拶 ・今日のやることを知る。（写真を見せて説明） 10：50 ○言葉の響きやリズムに親しむ。 ・『じゅうじゅうじゅう』の読み聞かせをする。 ・絵や教師の言葉を手掛かりにセリフを言う。	※教師や教材に注目できるよう、カーテンやホワイトボードで周りの情報を少なくする。 ※『終わり』が分かるよう、活動の終わり毎に「できた。」と言いながら手を合わせる。 ※意欲につながるよう、挨拶は本児にお願いする。 ・授業を楽しみにできるよう、好きな食べ物が題材の本を扱う。 ※友達と関わりがもてるよう、教師や友達と一緒にセリフを言う場面を作る。
11：05	どんなうごきかな? ○教師と一緒に絵本などを見て、登場するものや動作を思い浮かべる。 ・動作を表すイラストを見て、動詞を言葉で答える。 ・『くまさんくまさん』の読み聞かせに合わせて動きの模倣をする。 11：20 ○動作を表す絵や写真の意味を理解する。 ○○さん、何してる? ・走るや座るなどの動画や写真を見て、それと同じ動きのイラスト（デザインは異なる）を選ぶ。 　（走る・座る・寝る）	始めはイラストで動詞の確認をしてから、絵本に沿って動きの模倣をする。 ・友達と関わりがもてるよう、教師や友達と一緒にセリフを言う場面を作る。 『くまさんくまさん』の一場面を言葉で伝えたり動作化したりしている。 ・問題はイラストや、写真、子どもたちの動画、目の前での取り組みなど様々にして、どの媒体でも、誰がやっても、「走る」は「走る」ということがつながるように取り組む。 問題をよく見て、言葉やサイン、イラストを指さしたりして表そうとしている。
11：30	まとめ ・今日の動詞の振り返り	・今日取り組んだ動詞をイラストと動きで振り返る。
準備物	絵本（じゅうじゅうじゅう、くまさんくまさん）、イラストカード、動詞のイラスト、動画、写真	

ラーニングマップによる実態把握

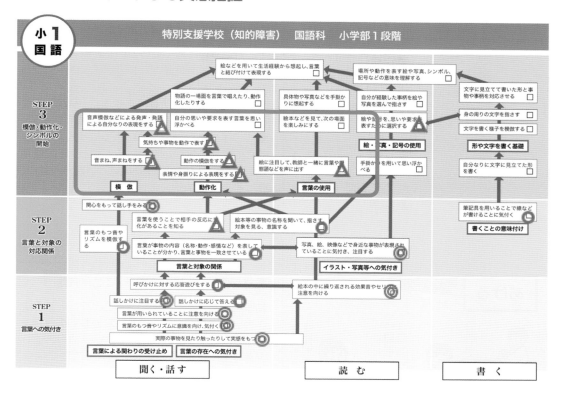

教材①

教材の写真	教材の使用方法や指導のポイント
	・どのような動詞の仲間分けをするのか一緒に動きながら確認をしてから取り組む。 ・仲間分けが終わったら、ケースの中のカードが正しく分けられているか、一緒に見ながら確認をする。 ・イラストだけでなく言葉も一緒に提示する。
	教材を使用した学習の様子・ここが有効! ・ひらがなを読むことが難しい子どもも、仲間分けをすることで、その動詞の理解を深めることができる。 ・1人だけでの活動として取り組める。 ・活動量（考える量）を確保することができる。 ・例えば「飲む」という1つの動詞でも、ストロー、ペットボトル、コップなど様々な種類があることを学習することができる。

教材②●●さん、何してる?

教材の写真（動画の一部分）

あける

すわる

ねる

教材の使用方法や指導のポイント

・子どもたちが実際に動いている動画や写真を見て、いくつかある様々な種類の動詞カードから同じものを選ぶ。
・覚え始めは、「投げる、ポイ！」「のむ、ごくごく。」など、擬音語も一緒に伝えることで、動作のイメージがしやすいようにする。
・すぐに生活に生かしていけるように、普段使用している動詞を中心に取り組む。（走る、並ぶ、開ける、飲むなど）

教材を使用した学習の様子・ここが有効!

・動画と写真どちらも使用することで、一連の動きや、画像などさまざまな見方の動詞の理解を促すことができる。
・友達が動いているのを見て答えるだけでなく、みんなで一緒に動くことで、一緒にやってみたいという気持ちを引き出すことができる。
・動きを見て答えるだけでなく実際に動きをやってみることで、体験しながら動詞を学ぶことができる。

国語　小学部2段階　STEP 1

単元名	うごきの言葉であそぼう（5／8）		
本時のねらい	人の名前、動詞、その他の単語を組み合わせて2〜3語の文を作り、実際に動作化する。		
目　標	知識・技能	思考・判断・表現	学びに向かう力・人間性
	・平仮名で書かれた2〜3単語の文章の意味が分かる。 ・3〜4単語の文を聞いて、やることが分かる。 （小学部2段階）	簡単な文章を読んだり聞いたりして、その意味が分かり、体で表現することができる。 （小学部2段階）	・自分から文章カードを引こうとしている。 ・友達の動きを見て正しいか違うか伝えようとしている。 （小学部2段階）
	小学部2段階　STEP 1		

時　間	主発問　発問　○学習内容・学習活動	・手だて　※留意点　評価規準
9:50	始めの挨拶 **動きを表す言葉で遊ぼう** ○具体物を操作しながら動詞の意味をイメージしながら表現する。 ・ ? ボックスから具体物が出てくる。 ・前時の活動を思い出して具体物を使って動作を表現する。 ・プリントで動作カードの文章を書く。	注目でき、興味をもてるように ? ボックスを用意する。 ・動詞をイメージしやすいように、具体物には狙う動作を引き出すもの（ボール→投げる等）を用意し、平仮名で動詞を書いておく。 ・児童に応じてなぞり書きや写し書きを分ける。 <u>文字や具体物、声を見聞きして、その通りの動作を取っている。</u>
10:05	○動詞の示す動作が分かる。動詞を目的語などと合わせて文章で表現できることを経験する。 **どんな動きの言葉かな?** ・本時でねらう動詞に関わる具体物が出てくる。 ・具体物を持って自分なりに表現する。 ・主語やその他のカードを選ぶ。 ・できた文章をプリントに書く。 ・実際にやってみて ipad で写真を撮る。	・分からなくなった時に見られるように動詞と見本の文章を提示しておく。 ・動詞、目的語が意識できるようにカードの色を分けておく。 <u>具体物の使い方と表現すべき動詞が分かり、体で表現することができる。</u>
10:20 10:30	○カードに書いてある動詞と目的語を読み取ってその通りに動く。 **カードであそぼう!** ・今まで作ったカードを使って順番に動作をして遊ぶ ・今日できた文章を改めて読んだり、表現したりして確認する。	<u>カードを読んだり聞いたりして、その通りの動作を取ろうとしている。</u>
準備物	はてなボックス、フラッシュカード（白、黄、青）、具体物（ボール（投げる）、車（置く）、食べ物（食べる）等	

ラーニングマップによる実態把握

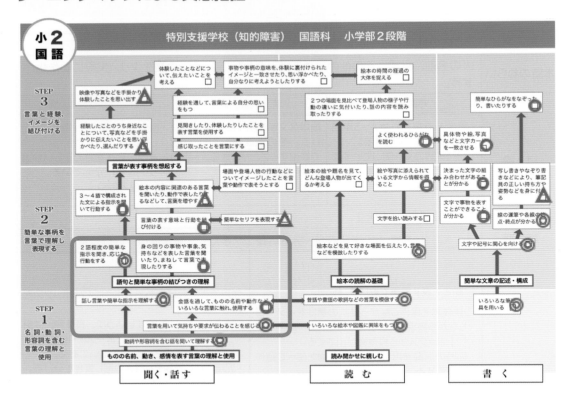

教材①

教材の写真	教材の使用方法や指導のポイント
 車とボールにそれぞれ「おく」の文字とイラストが書いてあります。	ボールや車といった具体物に直接動詞を書いてあるので、教師が文字や読みを意識させながら操作するだけで文字と動作、読みを同時に提示することができる。 　取り扱う単語は、ボール＝投げるなど、見て動作が連想しやすいものが望ましい。
	教材を使用した学習の様子・ここが有効! 　障害特性上、書く、読む活動に対して負荷が多い実態だったので、具体物を操作しながら動作を教師が言語化していく活動から取り組んだ。次第に自分たちなりに声を出して表現する姿、友達の表現に正解、不正解と評価する姿が見られた。 　特に、ボールは投げる主語と投げられる目的語の表現につなげやすく、『誰が何をどうした』の3語文から『誰が何をどこにどうした』と、4語文への移行に効果的であった。

教材②

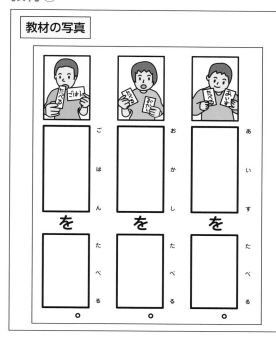

教材の写真

教材の使用方法や指導のポイント

　前時の自分たちが動作している写真を使った書き取りプリント。実態に応じてなぞり書き、写し書き、マッチングに書き換えて使用していた。
　取り扱う写真をタブレットで撮影したら、アプリから写真の余白に動詞を書き込み、即なぞり書きに取り組んでおくことで、より効果的に定着を図れる。

教材を使用した学習の様子・ここが有効!

　自分たちの写真がプリントになっていることで、楽しみながら取り組め、集中して取り組むことができていた。プリント学習になると誤答も出てくるが、答え合わせで改めて具体物を提示し、動作を確認しながら取り組むことで、正答率も上がっていった。

教材③

教材の写真

教材の使用方法や指導のポイント

　実際に自分たちがボールを投げる等している写真と『誰が何をどうした。』の文章をセットにしたカードを、全体で提示するためにA4サイズで使用した。提示したときに写真に写っている人がその動作をすることで、見る力、読み取る力、表現力を高めるねらいがある。写真のみ見て動きがちになるので、教師が文章を読み上げることを意識したい。

教材を使用した学習の様子・ここが有効!

　表現したり、体を動かしたりすることで意欲的に取り組める子どもたちだったので、写真が出た瞬間にその児童が立ち上がったり、動かない児童に他の児童が声をかけるといった姿が見られた。
　慣れてくると自分たちなりに先生役（カードを出して読み上げる）もやるなど主体的に取り組む姿が見られた。

国語　小学部2段階　STEP 2

単元名	よもう、かこう（7／15）		
本時のねらい	3〜4語で構成された文を聞いて、合うイラストを選んだり、行動したりする。		
目　標	知識・技能	思考・判断・表現	学びに向かう力・人間性
	3〜4語で構成された文を聞いて、合うイラストを選ぶことができる。 （小学部2段階）	3〜4語で構成された文を聞いて、動作で表すことができる。 （小学部2段階）	友達とやりとりをしながら課題に取り組もうとしている。 （小学部2段階）
	小学部2段階　STEP 2		

時　間	主発問　発問　〇学習内容・学習活動	・手だて　※留意点　評価規準
10：45	始めの挨拶 〇文字を拾い読みする どんな歌かな？ ・童謡『ばすごっこ』を3人で読む。 ・動きを動作で表す。	・童謡の歌詞カードを読む部分に色分けし、3人でやりとりをしながら読めるようにする。 『ばすごっこ』を読んで、運転する様子や切符を渡す様子を動作で表している。 友達や教師が表現した言葉に着目し、応答しようとしている。
10：55	言葉の表す意味と行動を結びつける だれが、なにをしているかな？ ・3〜4語で構成された文を聞いて、合うイラストを選ぶ。 （公園で遊ぶ、楽器を鳴らすなど） ・写真やイラストを見て、誰が何をしているのか口頭で答えたり、動作が書かれている単語カードをマッチングさせたりする。 〇簡単なひらがなをなぞる ・曲線やジグザグ線、交差する線などを鉛筆でなぞる。 ・ひらがなのなぞりがき。	・児童が授業で経験したことのあることや身近な題材にする。 ・3〜4語の文の中で誰が、何しているの部分が分かりやすいように単語カードに色分けして提示する。 ・誰が何をしている場面なのか文を読む、動作をするなど友達同士で役割を分担して取り組むようにする。 ・写真やイラストは2択で選べるように提示する。 3〜4語で構成された文を聞いて、合うイラストを選ぼうとしている。 ・ひらがなのなぞりがきでは、文字の形を意識できるようにトレーシングペーパーを使い、なぞる。
11：25 11：30	どんな言葉が出てきたかな？ 授業の振り返りをし、花丸を貼る 終わりの挨拶	※カレンダーに花丸を貼り、達成感をもてるようにする。 ※児童のあらわれを賞賛し、次回の意欲につなげる。
準備物	童謡カード、イラスト、ホワイトボード、なぞりがきプリント	

ラーニングマップによる実態把握

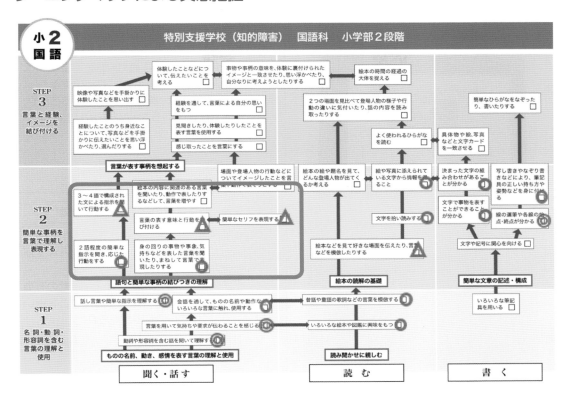

教材①

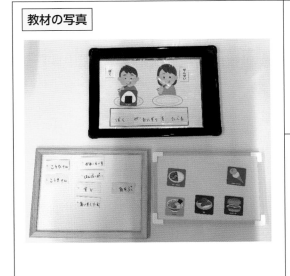

教材の写真	教材の使用方法や指導のポイント
	・「だれが」「なにを」「どうした」を考えて3語文をつくる学習に取り組む。 ・作った文を読んで、友達や教師と一緒に食べる動作などを表現する。

教材を使用した学習の様子・ここが有効!

・児童が食べ物に興味があるため、いろいろな種類の食べ物カードを用意することで意欲的に取り組めた。
・「だれが」「なにを食べるのか」など友達同士のやりとりしながら考えることにもつながる。

教材②

教材の写真	教材の使用方法や指導のポイント

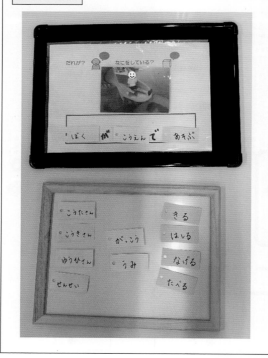

教材の使用方法や指導のポイント

・自分が経験したことを3語文で表現する。学校生活で経験したことの写真カードを手掛かりに、子どもが表現した言葉を生かして文を作る。
・題材には、子どもの興味・関心のあることや、日常生活で経験のあることなどを取り上げる。

教材を使用した学習の様子・ここが有効!

・写真や単語カードを変えることで「だれが」「どこで」「なにをしているか」などいろいろな文が作ることができる。
・公園遊びや水遊びなど児童が好きな活動の写真を用意したことで、自分の経験したことを思い出しながら言葉で伝える姿が見られた。

国語　小学部2段階　STEP 3

単元名	スリーヒントクイズをつくろう!（11 ／ 12）		
本時のねらい	自分が選んだイラストの色、形、動作等の特徴を単語カードで伝えることができる。		
目　標	知識・技能	思考・判断・表現	学びに向かう力・人間性
	・色、形、動作を表す言葉が分かる。 ・写真やイラストに写っているものの色や形等を答えることができる。 （小学部2段階）	・質問に対し、当てはまる答えを選択肢から答えることができる。 ・ヒントクイズで、イメージを一致させたり、思い浮かべたり、自分なりに考えようとしている。 （小学部2段階）	・質問に対する答えを選択肢から選んで伝えようとする。 ・ゲーム内のやりとりを通して、質問の答えを友達に伝えようとする。 （小学部2段階）
	小学部2段階　STEP 3		

時　間	主発問　発問　○学習内容・学習活動	・手だて　※留意点　評価規準
9:45	始めの挨拶 　写真を見て、何をやっているか答えよう ○写真の人物が何をしているか、動作を表す言葉を使って答える。 ・写真の人物が行っている動作が示す動詞カードを選択肢から答える。	・友達や教師が写った写真を見せ、意欲をもてるようにする。 ・動作のイラストを3〜4個の中から選べるよう、事前に選択しておく。
10:00	どのカードのお話かな? ○3つのヒントを聞いて、どのカードの説明がされているかを絞り込んで答える。 ・4枚のイラストカードを見る。 ・教師から色、形、動作等の3つのヒントを聞き、正しい答えを選択肢から選んで答える。	・文字やイラスト、口頭で伝えたヒントを視覚的に示す。 ・ヒントがさらにほしい場合は追加を依頼して良いことを事前に伝える。
10:15	どんな言葉を使えば、ヒントになる? 　ヒントを選んでクイズを作ってみよう ○友達に答えが伝わるために教師の質問に答えながらヒントになる言葉を選ぶ。 ・教師の質問（色、形、動作等）の答えをイラスト・単語カードから選ぶ。 ・同じグループの友達に出題する。 ・友達と答え合わせをする。	・イラストカードからヒントを選ぶようにする。 ・教師が「○○の色は?」等、ヒントを考えられるような質問をする。 <u>教師の質問に対し、色や形、動作を表す言葉を正しく答えようとしている。</u>
10:25 10:30	○振り返り ・自分ができたこと、頑張ったことを友達の前で発表する。 終わりの挨拶	・「できたこと」、「がんばったこと」等のキーワードをホワイトボードに貼り、選んで答えられるようにする。 ・次の時間の「ヒント」を提示して授業を終了する。
準備物	写真一覧表、動詞カード、スリーヒントクイズカード、色、形の単語カード	

ラーニングマップによる実態把握

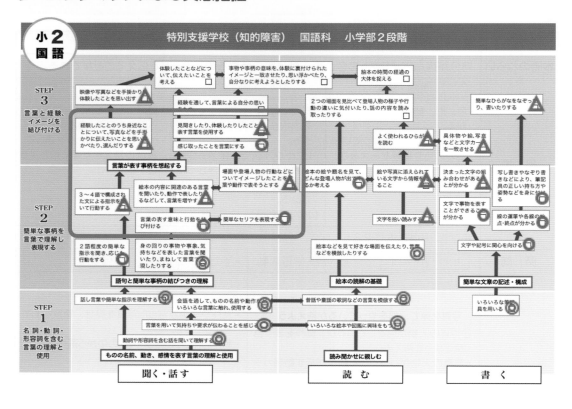

小2
国語

特別支援学校（知的障害）　国語科　小学部２段階

STEP 3
言葉と経験、イメージを結び付ける

STEP 2
簡単な事柄を言葉で理解し表現する

STEP 1
名詞・動詞・形容詞を含む言葉の理解と使用

聞く・話す　　　　読　む　　　　書　く

教材①

教材の写真	教材の使用方法や指導のポイント
	・写真の人物が何をしているか、動作を表す言葉を使って答える学習に使用した。 ・授業内の活動場面の写真を使用することで、出来事を言葉で伝えるという意図をもって指導できた。
	教材を使用した学習の様子・ここが有効！ ・言葉を選択する際に、実際に写真と同じ動作をすることで、正しい言葉を選べることにつながった。 ・1枚の写真を見て、カードのイラストをヒントに複数の言葉の表し方があると気付ける児童もいた。（例：箱を積み重ねる写真を見て、「答えがたくさんある!」と言い、『置く』、『重ねる』、『積む』のカードを選んだ。）

国語　小学部3段階　STEP 1

単元名	文づくり名人になろう【どんな場面かな?】（7／9）
本時のねらい	場面ごとの様子を理解し、さまざまな品詞を用いて文で表現しようとする。

目　標	知識・技能	思考・判断・表現	学びに向かう力・人間性
	・適切な助詞を用いて文をつくることができる。 ・主語、助詞、述語などの品詞を適切に用いて文をつくることができる。 （小学部3段階）	場面から情報を読み取り、出来事や気づいたことを適切な文で表現することができる。 （小学部3段階）	・適切な文になるように品詞をあてはめようとしたり、文を読もうとしたりしている。 ・自分の思いや考えを言葉や文で表現しようとしている。 （小学部3段階）

小学部3段階　STEP 1

時　間	主発問 　発問 　○学習内容・学習活動	・手だて　※留意点　評価規準
9:45	始めの挨拶 ・今日の学習内容を知る。 1. だれが　なにを　どうした　ゲーム 2. ? にあてはめよう 3. 文をつくろう	・本時の学習内容の短冊をホワイトボードに貼りながら確認する。 ※本時の主発問や発問を伝え、ホワイトボードに示すことで今日やることや目標を明確にする。
9:50	文づくり名人になろう 1. だれが　なにを　どうしたゲーム ○指示された3語文の聞きとり、内容を理解する。 ・教師が読み上げる3語文を聞き取り、それに合う絵カードを選ぶ。読む。	・生徒の意欲を引き出すため、授業の始めに、ゲーム要素を交えた活動を設定する。 ・主語だけでなく、その後に続く文を聞いて判断できるように、主語が同じでも、名詞や動詞の異なる絵カードを扱う。 ・文の構成を意識できるように、教師は「だれが」「なにを」「どうした」を区切りながら強調して読み上げる。
9:55	2. ? にあてはめよう ○助詞の適切な活用、理解 ・「で／を／は／に／が」から文に合う適切な助詞を選び、読み合う。	・どんなことに着目して考えるかを伝えるために、教師が見本を示す。その際に、考えるポイントを簡潔な言葉で分かりやすく伝える。 ・生徒が正誤を確認したり、間違いに気づいたりできるように、完成した文を読み合う時間を設ける。
10:05 10:20	3. 文をつくろう ○さまざまな品詞を用いた文の構成 どんな場面かな? ・イラストをみて、その様子を文に書き、読み合う。 4. チャレンジしよう ・絵で描かれた場面の様子から気づいたことを文で書き、発表する。	・分かりやすい単純な動作の絵カードを扱う。 ※生徒の様子次第で、「だれが」、「なにを」、「どうした」など、文をつくる際のヒントとなる言葉を伝えたり、助詞の学習を一緒に振り返ったりする。 ・ステップアップし、複数の場面が一枚に描かれた絵カードを扱う。 ・文の構成につながるように、まずは生徒と話し合いながら、気づいたことをキーワード（単語）で出し合う。 ・その際、「どんな場面ですか?」「様子を教えてください。」など、気づきが広がるような言葉掛けをする。 <u>さまざまな品詞を用いて、文を構成し、表現しようとしている。</u>
10:35	・まとめ　本時で学習したことを振り返る 終わりの挨拶	・次時への意欲につながるように、学習の中でできたこと、頑張ったことを伝え、称賛する。 ※次時の予告をしてから終了する。
準備物	3語文ゲームカードセット（カード、○×札）、助詞埋めカードセット（助詞カード、単語カード）、文を書こうプリント（イラストをみて、文で書こう）、チャレンジプリント（場面をみて気づいたことを文で書こう）	

ラーニングマップによる実態把握

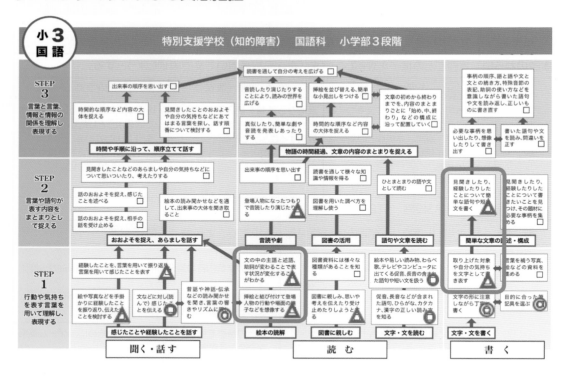

小3 国語

特別支援学校（知的障害）　国語科　小学部３段階

STEP 3
言葉と言葉、情報と情報の関係を理解し表現する

STEP 2
言葉や語句が表す内容をまとまりとして捉える

STEP 1
行動や気持ちを表す言葉を用いて理解し、表現する

聞く・話す　　読む　　書く

教材①

教材の写真

・3語文カード①（名詞、目的語、動詞の穴埋め）

・3語文カード②（助詞の穴埋め）

・かるた（聞き手用カード）

読み手の言葉を聞いて、適したカードを選ぶ。その後、イラストを照らし合わせて正誤を確認する。

教材の使用方法や指導のポイント

　穴埋め式の3語文カードでは、名詞や動詞、助詞、それぞれに着目できるように2種類のカードを扱った。また、読み手、聞き手に分かれ、かるた形式で行うことにより、2つの方向（「イラストを見て言葉にする」「言葉からイメージする」）から取り組める課題を設定した。

教材を使用した学習の様子・ここが有効!

　意味の捉え方が複数考えられるようなイラストを扱ったことで、生徒からの気づき（「はみがき」と「はをみがく」、「もぐる」と「とびこむ」は同じ? など）がうまれ、言葉の意味理解が深まり、充実した言語活動につながった。
　さらに、かるた形式で、2つの方向から取り組んだ結果、生徒がどのように言葉をイメージし、読み取るのか分析しながら進めていくことができ、目標により迫ることができた。

教材②

教材の写真

・助詞問題文

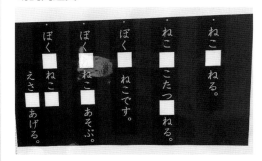

教材の使用方法や指導のポイント

　名詞が同じでも助詞が違う文を問題にし、助詞の使い方に慣れるための教材を作成した。

　また、教材と合わせて、文で表したい内容をイメージできるようにイラストや映像を見てから助詞を選ぶ活動に移行した。ほかにも、実際にペープサートや体を動かして体験する活動を取り入れた。

教材を使用した学習の様子・ここが有効!

　名詞が同じ問題文を設定したことで、生徒が迷い、戸惑う姿を引き出すことができ、考えようとするきっかけになった。

　さらに、文字だけでなく操作を取り入れたことで具体的なイメージにつながり、既習経験を活かして適切な助詞を判断できたり、繰り返し操作して適切な言葉を探ったりするような姿が見られ、助詞の意味理解を深めることができた。

国語　小学部3段階　STEP 2

単元名	内容を説明しよう		
本時のねらい	主語と述語の係り受けを理解して、文章全体の情報を整理する		
目　標	知識・技能	思考・判断・表現	学びに向かう力・人間性
	文中で、主語と述語の係り受けが分かる。 （小学部3段階）	文章を読んだり聞いたりして、「どこで、だれが、何をした」のか理由も含めて考える。 （小学部3段階）	生徒同士で与えられた情報を整理している。 （小学部3段階）

小学部3段階　STEP 2

時　間	主発問　発問　○学習内容・学習活動	・手だて　※留意点　評価規準
9：45	・始めの挨拶 ○主語と述語の確認 　主語とは何でしたか 　述語とは何でしたか ・主語と述語の特徴を確認する。 ・主語と述語を文章から選ぶ。 ・本時の学習課題の確認。	※生徒の発話を促すように、ある程度話を聞いて授業を展開する。 ・主語、述語の特徴が書いてあるカードを提示する。 ・主語と述語が分かりやすいように、例文を提示する。
9：55 10：10	○主語と述語を選ぶ 　文づくり名人になろう ・文章から主語と述語を探す。 　どうしてそれが主語、語だと思いますか ・発問に対する理由を考える。 ○物語文を聞く、読む ・『注文の多い料理店』を聞いて内容を捉える。 ・本文の一部を音読する。 　この文章の主語と述語は何ですか 　どこで、だれが、何をしたのですか 　どうしてそれらを選んだのですか ・内容を箇条書きで整理する。	・生徒が問題に取り組みやすいように、独自に作った内容の短文を提示する。 <u>主語や述語に線を引いている、または声に出している。</u> ・文章の内容を捉えやすくするよう、文章を短く切って質問をする。 ※ iPad を使用する。 ・全体の内容を捉えやすくするために、映像付の内容を聞く。 ・全文を提示して、発問する部分に関わる文を音読する。 <u>「どこで」「だれが」「なにをしたのか」、本文に線を引いたり、口頭で答えたりしている。</u> ・ワークシートにあらすじを時系列にまとめる。
10：25 10：35	○学習の振り返り 　どこで、だれが、何をしたお話でしたか ・生徒同士で話をまとめる。 ・次の授業の確認、終わりの挨拶	・今日学習したことを視覚的に分かるように、評価のカードを提示する。 ・生徒同士で「どこで、だれが、何をしたのか」確認しながらまとめる。 <u>生徒同士が確認しながら話の内容を整理している。</u>
準備物	ワークシート、パソコン、プロジェクター、iPad	

ラーニングマップによる実態把握

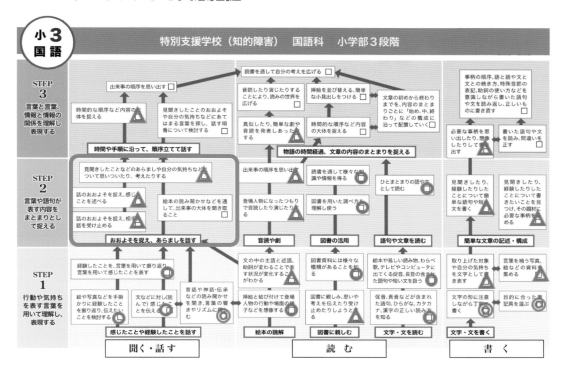

教材①

教材の写真	教材の使用方法や指導のポイント

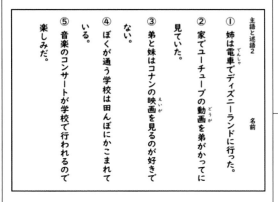

⑤音楽のコンサートが学校で行われるので楽しみだ。

④ぼくが通う学校は田んぼにかこまれている。

③弟と妹はコナンの映画を見るのが好きでない。

②家でユーチューブの動画を弟がかってに見ていた。

①姉は電車でディズニーランドに行った。

主語と述語2

名前

教材の使用方法や指導のポイント

・主語、述語が分かりやすい文に加え、修飾語などを含む文も問題として設定した。主語と述語の関係を理解する上で、文の読み取りの難易度に差をつけて問題を作成した。

教材を使用した学習の様子・ここが有効!

・「姉は」「行った」のように、主語・述語の関係が分かりやすい文は理解が容易だが、文の中での主語の位置、修飾語との関係によって難易度が高まった。助詞への注目を促す指導が必要になる。文に対応する挿絵やイラストを使って意味理解を下支えすることで、理解が深まる。

国語　小学部3段階　STEP 3

単元名	4コマまんがをつくろう（4／7）		
本時のねらい	身近な出来事の時間的な順序と内容の大体を捉え、どんな出来事だったか小見出しを付ける。		
目　標	知識・技能	思考・判断・表現	学びに向かう力・人間性
	出来事を言葉で正しく表すため主語と述語の適切な組み合わせが分かる。 （小学部3段階）	出来事の順序を思い出し、その大体を表す言葉を考え、表現することができる。 （小学部3段階）	言葉で伝えあうよさを感じ、思いや考えを表現しようとしている。 （小学部3段階）
	小学部3段階　STEP 3		

時　間	主発問　発問　○学習内容・学習活動	・手だて　※留意点　評価規準
9:45	始めの挨拶 導入　今日の学習活動の確認 ・おうちでの出来事を4コマ漫画にして表そう！ ・4つの場面はどんな場面?見出しをつけよう	・ホワイトボードに活動内容を示し、前時までの学習経過と教材を提示して確認する。
9:50	4コマまんがの4つのイラスト、どんな場面?言葉であらわそう ○出来事の順序を思い出し、事実や思いを言葉にして表現する。 ・前時までにまとめた「おうちでの出来事」を4つのイラストにしたものに、セリフを書き入れる。 ・完成した4コマ漫画のセリフを読み、ストーリーを友達に発表する。 ・感想を伝え合う。	・前時でまとめた「おうちでの出来事」からそれぞれ4枚のイラストを作成しておき、吹き出しを貼り付けてセリフを書き入れられるようにする。 ・出来事を適切に表現したり、自分の思いを表したりするセリフの手本を用意しておく。 ・セリフの読み方を工夫することができるよう、そのときの気持ちを振り返るよう促す。 <u>出来事の順序や大体を捉え、場面に応じたセリフを考えたり、言葉で表現したりしている。</u>
10:10	○出来事の大体を捉え、小見出しを付ける。 ・それぞれのイラストがどんな場面かを考え、場面の様子を表す言葉を書き入れる。 どうしてその言葉を入れたの? ・友達にイラストの見出しを紹介し、その理由を言葉で表現する。 ・まとめ 　出来事や気持ち、思いを言葉で表し、4コマ漫画にして伝え合ったことを評価する。	適切な見出しの付け方が分かるよう、モデルとなるイラストとその見出しを事前に提示しておく。 ・見出しを付けた理由を説明できるように、イラストの根拠となる部分に印をつける。 <u>イラストに関する出来事や様子を根拠にして見出しを考えている。</u>
10:35	終わりの挨拶	
準備物	4枚のイラスト、吹き出しカード、見出しカード	

ラーニングマップによる実態把握

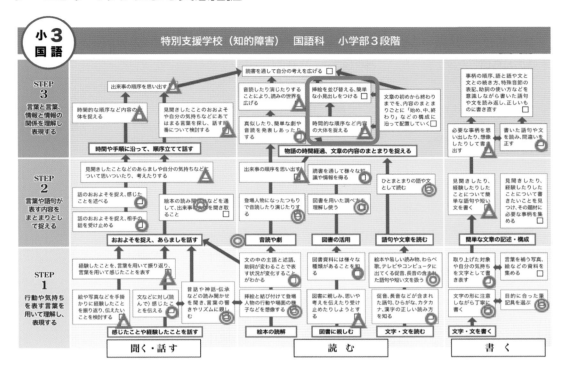

小3 国語　　特別支援学校（知的障害）　国語科　小学部3段階

STEP 3 言葉と言葉、情報と情報の関係を理解し表現する

- 出来事の順序を思い出す
- 時間的な順序など内容の全体を捉える
- 見聞きしたことのおおよそや自分の気持ちなどにあてはまる言葉を探し、話す順番について検討する
- 読書を通して自分の考えを広げる
- 音読したり演じたりすることにより、読みの世界を広げる
- 挿絵を並び替える、簡単な小見出しをつける
- 真似したり、簡単な劇や音読を発表しあったりする
- 文章の初めから終わりまでを、内容のまとまりごとに「始め、中、終わり」などの構成に沿って配置していく
- 時間的な順序など内容の大体を捉える
- 事柄の順序、語と語や文と文との続き方、特殊音節の表記、助詞の使い方などを意識しながら書いた語句や文を読み返し、正しいものに書き直す
- 必要な事柄を思い出したり、想像したりして書き出す
- 書いた語句や文を読み直し、間違いを正す
- **時間や手順に沿って、順序立てて話す**
- **物語の時間経過、文章の内容のまとまりを捉える**

STEP 2 言葉や語句が表す内容をまとまりとして捉える

- 見聞きしたことなどのあらましや自分の気持ちなどについて思いついたり、考えたりする
- 話のおおよそを捉え、感じたことを述べる
- 話のおおよそを捉え、相手の話を受け止める
- 絵本の読み聞かせなどを通して、出来事の大体を聞き取ること
- 出来事の順序を思い出す
- 登場人物になったつもりで音読したり演じたりする
- 読書を通して様々な知識や情報を得る
- 図書を用いた調べ方を理解し使う
- ひとまとまりの語や文として読む
- 見聞きしたり、経験したりしたことについて簡単な語句や短い文を書く
- 見聞きしたり、経験したりしたことについて書きたいことを見つけ、必要な事柄を集める
- **おおよそを捉え、あらましを話す**
- **音読や劇**
- **図書の活用**
- **語句や文章を読む**
- **簡単な文章の記述・構成**

STEP 1 行動や気持ちを表す言葉を用いて理解し、表現する

- 経験したことを、言葉を用いて振り返り、言葉を用いて感じたことを表す
- 絵や写真などを手掛かりに経験したことを振り返り、伝えたいことを検討する
- 文などに対し（読んで）感じたことを伝える
- 昔話や神話・伝承などの読み聞かせを聞き、言葉の響きやリズムに親しむ
- 挿絵と結び付けて登場人物の行動や場面の様子などを想像する
- 文の中の主語と述語、助詞が変わることで表す状況が変化することがわかる
- 図書資料には様々な種類があることを知る
- 図書に親しみ、思いや考えを伝えたり受け止めたりしようとする
- 絵本や易しい読み物、わらべ歌、テレビやコンピュータに出てくる促音、長音の含まれた語句や短い文を扱う
- 促音、長音などが含まれた語句、ひらがな、カタカナ、漢字の正しい読み方を知る
- 取り上げた対象や自分の気持ちを文字として書き表す
- 言葉を補う写真、絵などの資料を集める
- 文字の形に注意しながら丁寧に書く
- 目的に合った筆記具を選ぶ
- **感じたことや経験したことを話す**
- **絵本の読解**
- **図書に親しむ**
- **文字・文を読む**
- **文字・文を書く**

聞く・話す	読　む	書　く

教材①

教材の写真

じゅんびをしよう／かぞくみんなでたべるとおいしいね!!／なにをつくっているの?／おとうさんおかえりなさい　2022/11/30

教材の使用方法や指導のポイント

　体験したことを時系列に沿って思い出し、どんなセリフが適切か、その場面はどんな様子かを言語化できるように教材を活用する。
　場面ごとの様子を大体として捉え、どんな言葉で表すことができるかを考えられるようにする。

教材を使用した学習の様子・ここが有効！

　場面ごとの様子を言葉で表すことで、どんな場面であったかを整理することができ、時系列に沿ってイラストを並べ、セリフをつけたり、見出しをつけたりすることができた。

国語　中学部1段階

単元名	伝えたいこと知らせたいことをはがきや手紙で書こう（10 ／ 12）		
本時のねらい	友達に伝えたいことを順序よく文章にし、手紙を書く楽しさに気付く。		
目　標	知識・技能	思考・判断・表現	学びに向かう力・人間性
	伝えたい事柄を順序よく文章にすることができる。 （中学部1段階）	自分が書いたものを読み返し、間違いを正したり、相手に伝わるように、構成を考えたりすることができる。 （中学部1段階）	ファイルでこれまでの学習を振り返りながら、手紙を書くことができる。 （中学部1段階）
	中学部1段階		

時　間	主発問 発問 ○学習内容・学習活動	・手だて　※留意点　評価規準
9：30	始めの挨拶 ・前回までの活動を振り返り、手紙の書き方のポイントを確認する。 ・書いた手紙の要件や、『よい手紙のポイント』を発表する。	・生徒の発表に合わせて、『良い手紙のポイント』を掲示していく。
9：40	どんなふうに書いたら、『うれしかったこと』を手紙で伝えられるだろう? ○『うれしかったこと』を共感してもらえるように、手紙の要件を構成する。 ・本時の手紙を書く相手を知る。 ・前回までのポイントも参考にしながら書く。	※本時の活動で手紙を書く相手をホワイトボードに掲示する。 ・これまでの学習の『良い手紙のポイント』をホワイトボードに掲示して、手紙を書く時の参考にできるようにする。 ・悩んでいる生徒が、書き出しがスムーズにできるように、例文の一部を□で隠したものを提示する。 <u>ファイルを読み返して、必要なポイントを参考にしながら手紙を書いている。</u> <u>事柄の順序に沿って、手紙の構成を考えて書いている。</u>
10：00	○『推敲のポイント』を参考にしながら、読み返して、文字、助詞、点など、間違いがないか、確認して、書き直す。 ・書けたら教師に渡し、手直しの指導を受ける。 ・書き直したら、教師と一緒にiPadに記録（写真）し、封筒にあて名書きをして、入れておく。	<u>自分が書いたものを読み返し、間違いを正したり、相手に伝わるように書けているか、構成を考えたりしている。</u> ・間違いが分かるように、訂正箇所と、『推敲のポイント』を提示する。
10：15 10：20	まとめ 書いた手紙の内容や、気を付けたポイントを発表し合う。 終わりの挨拶	・「うれしかったこと」を分かりやすく伝えるポイントとして、それぞれが考えたことをホワイトボードにまとめる。
準備物	便箋、封筒『手紙を書くポイント』掲示物、iPad	

ラーニングマップによる実態把握

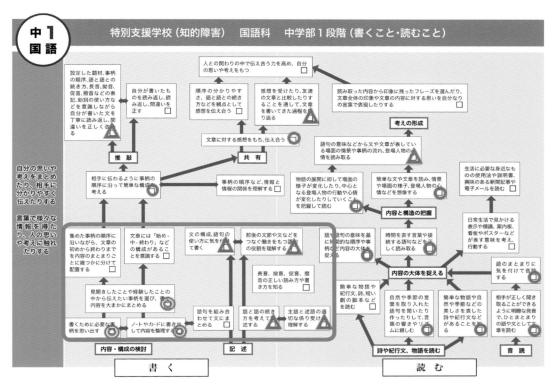

中1 国語

特別支援学校（知的障害）　国語科　中学部1段階（書くこと・読むこと）

教材①

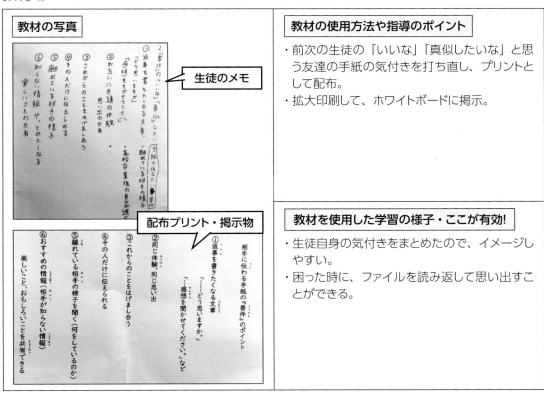

教材の写真	教材の使用方法や指導のポイント
生徒のメモ 配布プリント・掲示物	・前次の生徒の「いいな」「真似したいな」と思う友達の手紙の気付きを打ち直し、プリントとして配布。 ・拡大印刷して、ホワイトボードに掲示。
	教材を使用した学習の様子・ここが有効! ・生徒自身の気付きをまとめたので、イメージしやすい。 ・困った時に、ファイルを読み返して思い出すことができる。

教材②

教材の写真

推敲のポイント

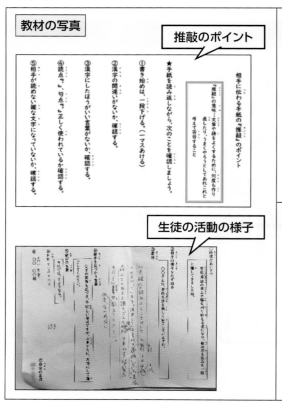

相手に伝わる手紙の「推敲」のポイント

★手紙を読み返しながら、次のことを確認しましょう。

「推敲」の意味＝文章や詩をよくするために、何度も作り直したり、うまくやろうとしてあれこれと考えて苦労すること

① 書き始めは、一段下げる。（一マスあける）

② 漢字の間違いがないか、確認する。

③ 漢字にしたほうがいい言葉がないか、確認する。

④ 読点で「、」句点で「。」正しく使われているか確認する。

⑤ 相手が読めない雑な文字になっていないか、確認する。

生徒の活動の様子

教材の使用方法や指導のポイント

・文字の訂正に絞って推敲ポイントをまとめた。

・プリント配布、ファイルに閉じておくことで、繰り返し確認することができる。

教材を使用した学習の様子・ここが有効!

・推敲のポイントを絞ったことで、「何度もくり返し読み返す」という推敲に取り組む姿が生まれた。

単元名	1つずつ入れよう（11 ／ 15）		
本時のねらい	1対1対応で、具体物を1つずつ入れることができる。		
目　標	知識・技能	思考・判断・表現	学びに向かう力・人間性
	・具体物を持ったりつまんだり して1つずつ容器に入れるこ とができる。 ・形の違いに気づく。 （小学部1段階）	・入れる容器や置く枠に注目し たり、具体物と容器を対応さ せたりしている。 ・同じ形を探したり、合うように 向きを変えたりしている。 （小学部1段階）	・具体物を見たり触ったりしよう としている。 ・繰り返し容器に入れようとして いる。 （小学部1段階）
	小学部1段階　STEP 1		

時　間	主発問　発問　○学習内容・学習活動	・手だて　※留意点　評価規準
10：45	・始めの挨拶 **1つずつ置けるかな?** ○物がないところを探しながら、1つずつ物を 　対応させて置いていく。 ・ピンポン玉をぴったりはまる枠の上に置く。 ・模擬の果物の容器をマジックテープの目印に1 　つずつ置いたり、ふたを閉めたりする。	・終わりが分かるように枠の数と同じピンポン玉 　をケースに用意する。 ・様々な高さに枠をつけることで、ピンポン玉 　を置く際に、腕や手首を動かすことを促す。 　<u>1つの容器に1つの具体物を入れようとしている</u>
11：05 11：15	**1つずつ入るかな?** ○1本の棒に1つずつ具体物を入れる。 ・棒に1つずつ穴の開いた具体物を通す。 **ぴったり入るかな?** ○2種類の具体物をそれぞれの入口の形に合っ 　た容器に入れる。 ・ピンポン玉と、立方体の積み木をそれぞれの 　容器に入れる。	・1つずつ入れることが分かるよう、初めに 　棒を指さしながら「1つ、1つ」と言葉掛 　けをする。 ・同じところに入れようとしている際は、すでに 　入っていることに気づけるよう指差しをしたり、 　ない所を探すよう促したりする。 　<u>入っていない所を探しながら、1つずつ入れよう</u> 　<u>としている</u> ・なかなか入らないときは、向きを変えるよう 　一緒に積み木の向きを変えたり、入口が見や 　すいように提示したりする。
11：30	終わりの挨拶	
準備物	学習内容の絵カード、具体物（ピンポン玉・スポンジ・食べ物の模型等）、容器、 木の棒	

ラーニングマップによる実態把握

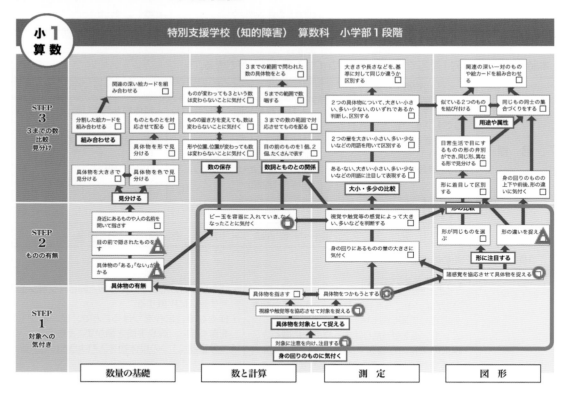

小1 算数

特別支援学校（知的障害）　算数科　小学部1段階

STEP3　3までの数　比較　見分け

STEP2　ものの有無

STEP1　対象への気付き

数量の基礎　　数と計算　　測定　　図形

教材①

教材の写真

教材の使用方法や指導のポイント

　容器にひとつものを入れることで、「ある」と「ない」を見分ける。また操作を通して1対1の対応関係を学ぶ。
　「ない」ところに気付かない時は、左右（上下）に探すよう指差ししたり、タワーを回したりして注意を促す。

教材を使用した学習の様子・ここが有効!

・容器を注視し、ものが入っていないところに入れる。
・入れる容器やものの種類を変えることで、レパートリーを広げ、理解を促す。
・物への注視を促す。
・運動感覚によって「できた」「おわり」が分かりやすいように、指先を使ってボールを押し込むようにする。

教材②

教材の写真

教材の使用方法や指導のポイント

　提示した立て棒にさす物を、キャップとリングから選ぶ。指先の感触で形状を理解できること、リングの穴に棒を通す感覚を味わえるようにすることがポイント。

教材を使用した学習の様子・ここが有効!

・"触って分かる"段階の児童の弁別に有効。
・正誤が自分で分かりやすい。
・形状の異なる具体物を選択肢として用意することで、見比べるという活動も狙える。

算数　小学部1段階　STEP 2

単元名	よくみて動かそう（7／ 15）
本時のねらい	提示されたものの形を、視覚や触覚で捉える。

目　標	知識・技能	思考・判断・表現	学びに向かう力・人間性
	提示した物に注目したり、触れたりして動かすことが分かる。 （小学部1段階）	始点と終点や、二つの物の違いに気づいて、物を動かしている。 （小学部1段階）	自分から教材に手を伸ばして、操作しようとしている。 （小学部1段階）
	小学部1段階　STEP 2		

時　間	主発問　発問　○学習内容・学習活動	・手だて　※留意点　評価規準
10：45	・椅子を持って移動、準備 ・始めの挨拶 ・今日の予定をみよう	・課題ができたら、その都度「できたね。」と賞賛するやりとりをして、達成感を持てるようにする。 ・課題が終わったら、課題袋のチャックを閉めることで、終わりが分かるようにする。
10：50	○提示された物を注視し、始点から終点まで動かす。 ・玉ひもの玉を始点から終点まで上下、横向きに一つずつ動かしていく。 ・終点を意識して、棒に刺してある鈴の輪を抜く。抜いた後は箱に入れる。	・「カチッ」という音で終点が分かるよう、また注目できるように、カラフルな色の木球を用意する。 ・縦抜き→横抜き→縦横抜きと少しずつ複雑にして、注視する時間が長くなるようにする。 <u>視覚や運動感覚を手掛かりに、終点に向けて物を動かしている。</u>
11：10	○2種類の物の形の違いを捉え、見比べる。 　どっちに入れるかな？ ・提示されたリングとキャップを見て、リングは棒にさす、ビー玉は穴に入れる。 ・提示されたリング（キャップ）を見て、リングは棒にさす、円柱は穴にいれる。 ・提示した棒（穴箱）を見て、リングとキャップの適した方を選ぶ。	・キャップに鈴を入れたり、提示する時に音を出したりして、提示する物に注目できるようにする。 ・正しい選択でない場合は、正しい方の容器（棒）をトントンと叩き、視線を移すように伝える。 <u>提示した物を、正しい容器（棒）に入れることができている。</u>
11：25 11：30	・課題ボードで振り返り。 ・2つの課題袋をかごまで運び、片付ける。 ・終わりの挨拶	・花丸の予定カード（裏側）を見て、課題が終わったことが分かるようにする。
準備物	予定ボード、玉ひも、輪抜き、弁別教材（リング、キャップ、円柱）	

ラーニングマップによる実態把握

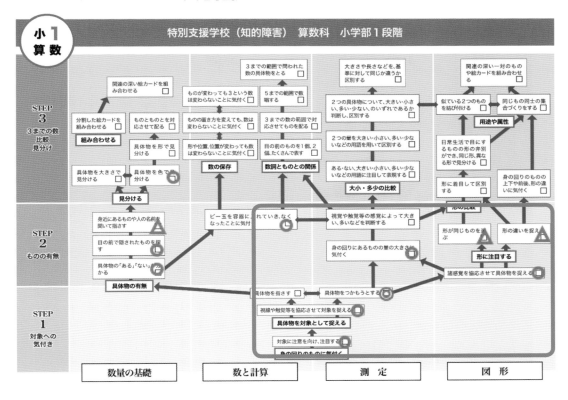

| 小1 算数 | 特別支援学校（知的障害）　算数科　小学部1段階 |

STEP 3 3までの数 比較 見分け

- 関連の深い絵カードを組み合わせる □
- 分割した絵カードを組み合わせる □
- **組み合わせる**
- ものとものとを対応させて配る □
- 具体物を形で見分ける □
- 具体物を大きさで見分ける □
- 具体物を色で分ける □
- **見分ける**

- 3までの範囲で問われた数の具体物をとる □
- 5までの範囲で数唱する □
- ものが変わっても3という数は変わらないことに気付く □
- ものの置き方を変えても、数は変わらないことに気付く □
- 3までの数の範囲で対応させてものを配る □
- 形や位置、位置が変わっても数は変わらないことに気付く □
- 目の前のものを1個、2個、たくさんで表す □
- **数の保存**
- **数詞とものとの関係**

- 大きさや長さなどを、基準に対して同じか違うか区別する □
- 2つの具体物について、大きい・小さい、多い・少ないのいずれであるか判断し、区別する □
- 2つの量を大きい・小さい、多い・少ないなどの用語を用いて区別する □
- ある・ない、大きい・小さい、多い・少ないなどの用語に注目して表現する □
- **大小・多少の比較**

- 関連の深い一対のものや絵カードを組み合わせる □
- 似ている2つのものを結び付ける □
- 同じもの同士の集合づくりをする □
- **用途や属性**
- 日常生活で目にするものの形の弁別ができ、同じ形、異なる形で見分ける □
- 身の回りのものの上下や前後、形の違いに気付く □
- 形に着目して区別する □

STEP 2 ものの有無

- 身近にあるものや人の名前を聞いて指さす △
- 目の前で隠されたものを探す ◯
- 具体物の「ある」「ない」がわかる ◯
- **具体物の有無**

- ビー玉を容器に入れていき、なくなったことに気付く ◯
- 視覚や触覚等の感覚によって大きい、多いなどを判断する □
- 身の回りにあるものの量の大きさに気付く ◯
- **形の比較**
- 形が同じものを選ぶ △
- 形の違いを捉える △
- **形に注目する**
- 諸感覚を協応させて具体物を捉える □

STEP 1 対象への気付き

- 具体物を指さす □
- 具体物をつかもうとする ◯
- 視覚や触覚等を協応させて対象を捉える □
- **具体物を対象として捉える**
- 対象に注意を向け、注目する □
- **身の回りのものに気付く**

| 数量の基礎 | 数と計算 | 測定 | 図形 |

教材①

教材の写真

教材の使用方法や指導のポイント

　教師が両端を持ち、動かす玉に注目させる。
　上→下の動き、ひもを短くすることから始めると分かりやすい。やり方が分かってきたら、下→上、左⇔右もチャレンジする。

教材を使用した学習の様子・ここが有効!

- ・物に注目できる。
- ・始点→終点の理解につながる。
- ・動かす方向を予測することができる。
- ・教師の働きかけに応じたり、子どもの動きに「シュー。」と言葉をのせたりすることで、相手を意識することにつながる。

教材②

教材の写真	教材の使用方法や指導のポイント

教材の使用方法や指導のポイント

①棒と筒を1本ずつ提示し、リングやボールを児童に1つずつ渡して注目を促し、見分けることができるようにする。

②同じ操作で異なる色にすることで、視覚的に色だけで見分ける力が必要。

教材を使用した学習の様子・ここが有効!

　筒にボールも入るようにしたので、ただ入れて OK ではなく、ボールとリングを見分けて操作ができるようになった。

　操作の仕方を学習してから、色の学習にもつなぐことができる。

算数　小学部1段階　STEP 3

単元名	いくつかな（5／7）
本時のねらい	数詞とものを対応させて正しく数えることができる。

目　標	知識・技能	思考・判断・表現	学びに向かう力・人間性
	個数を正しく数えることができる。 （小学部1段階）	数のまとまりや数え方に気付くことができる。 （小学部1段階）	数量に興味をもって学習に取り組むことができる。 （小学部1段階）
	小学部1段階　STEP 3		

時　間	主発問　発問　○学習内容・学習活動	・手だて　※留意点　評価規準
9:45	・始めの挨拶 うまく くばるにはどうすればいいかな ○ものとものとを対応させて配る。 ・具体物を皿に1つずつ配る。 ○問われた数の具体物を取る。 ・1～3の数字カードを見て同じ数のコインを配る。	・学習の始まりを意識できるように呼名、タッチする。 ・興味をもって取り組むことができるように皿に本人の好きなキャラクターを貼る。 ・集中して取り組み続けられるように、正解したらコインを瓶に入れるようにする。 ・数のイメージが確立するように具体物を操作して正誤の判定までを活動に設定する。 <u>具体物を操作しながら正しく数えている。</u>
10:00	いくつ だせばいいのかな ○問われた数の具体物を取る。 ・1～3の数字カードを見て同じ数の具体物を取る。 ○数えるものを指さしながら個数を数える。 ・1～3の指示された数のコインを並べ、教師と一緒に数える。	・数字と数が一致できるようにカードにその数分のシールを貼っておく。 ・興味をもって取り組むことができるようにコインに好きなキャラクターを貼っておく。 <u>数のまとまりや数え方に気付いている。</u>
10:15 10:30	いくつか かんがえましょう 輪投げゲーム ・自分の番で輪を「1つ」取る。 ・始めに輪を「3つ」取る。ゲーム終了後、入っている輪を数える。 ・終わりの挨拶	・数詞の学習を積み重ねることができるように指文字で示しながら毎回言葉を変える。 ・見通しをもってゲームに取り組めるように、始めに回数分の輪を渡す。
準備物	コイン、数字カード、皿、マグネット、ホワイトボード、輪投げセット	

ラーニングマップによる実態把握

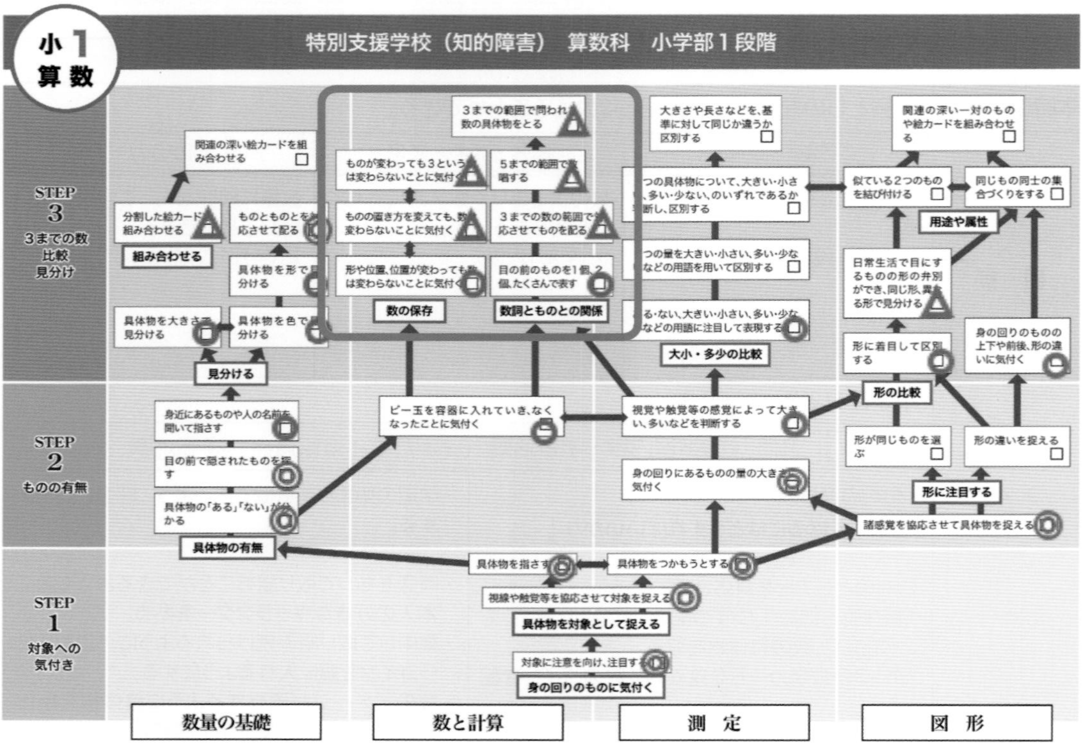
小1
算数
特別支援学校（知的障害）算数科　小学部1段階
STEP 3
3までの数
比較
見分け
STEP 2
ものの有無
STEP 1
対象への
気付き
関連の深い絵カードを組み合わせる
組み合わせる
見分ける
具体物の有無
身近にあるものや人の名前を聞いて指さす
3までの範囲で問われ数の具体物をとる
5までの範囲で数唱する
数の保存
数詞とものとの関係
ビー玉を容器に入れていき、なくなったことに気付く
具体物を指さす
具体物をつかもうとする
視線や触覚等を協応させて対象を捉える
具体物を対象として捉える
身の回りのものに気付く
大小・多少の比較
身の回りにあるものの量の大きさに気付く
関連の深い一対のものや絵カードを組み合わせる
似ている2つのものを結び付ける
同じもの同士の集合づくりをする
用途や属性
形の比較
形が同じものを選ぶ
形の違いを捉える
形に注目する
諸感覚を協応させて具体物を捉える
数量の基礎
数と計算
測　定
図　形

教材①

教材の写真	教材の使用方法や指導のポイント
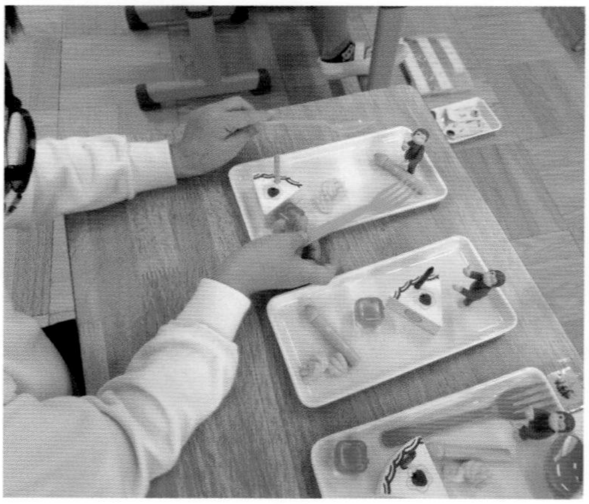	・皿に具体物を１つずつ分ける学習 ・3までの数で皿に対応させて物を配る。 ・分け終わったら教師と一緒に１皿ずつ「1こ」を確認する。確認する回数が多いので、反復できる。 **教材を使用した学習の様子・ここが有効!** ・皿に本人の好きなキャラクターを付けたことで、学習への意欲が高まった。 ・１つの皿に２つの具体物を置いてしまったときは置かれていない皿を指さして「このジョージの分がないよ」などとストーリー立てて指摘されると複数置いた皿を見つけて直すことができた。

教材②

| 教材の写真 | 教材の使用方法や指導のポイント |

教材の写真

教材の使用方法や指導のポイント

・5までの範囲で問われたコインをとる学習（3から発展）。
①カードに記載された数のコインをケースから取り、トレーに入れる。
②ボックスにコインを並べ、指さししながら数えて確認する。
③数えた後、指でその数を表す。
・数唱、数字、個数、指で表す等いろいろな「数」を学習する。

教材を使用した学習の様子・ここが有効!

・コインに好きなキャラクターを貼り、正解したら瓶に入れることでゲーム感覚で取り組めた。
・ボックスにコインを並べて数え直すことで、自分で過不足に気付くことができた。また、雑然としたものを並べて数える良さに気付くことにつながった。

算数　小学部2段階　STEP 1

単元名	どっちが大きい?どっちが小さい?（6／8）		
本時のねらい	2つの具体物やイラストについて大きい・小さいの判断をし、区別をする。		
目　標	知識・技能	思考・判断・表現	学びに向かう力・人間性
	2つの具体物やイラストのどちらが大きい、小さいかが分かる。 （小学部2段階）	大きさに着目して相違点に気付き、どちらが大きい、小さいかを考え、判断できる。 （小学部2段階）	大きさを比べることに興味をもち、学習に取り組んでいる。 （小学部2段階）
	小学部2段階　STEP 1		

時　間	主発問　発問　○学習内容・学習活動	・手だて　※留意点　評価規準
9:45	始めの挨拶 導入 ・大きいものと小さいものを判断する活動を行うことを確認する。 　**大きい（小さい）のはどちらだろう?**	・ホワイトボードに本時で使用するイラスト（大・小）を貼り、今日の活動が分かるようにする。 ・「おおきい」と「ちいさい」という文字カードを貼り、大小の概念と対応できるようにする。
9:55	○イラストの大きさを視覚的に判断し、2つに弁別する。（自習） ・大きさの違う食べ物のイラストを見て比較し、大小に仕分けしながら動物の模型に食べさせる。	・動物の口の大きさを変えておき、小さい口には大きいものは入らないようにする。 ・それぞれの箱に大きい・小さいのイラストを貼る。 <u>2つのイラストの大きさを視覚的に判断し、正しい方を選んでいる。</u>
10:15	○具体物の大きさを比較し、大小に弁別したり、大きさの順に並べたりする。 ・2つの大きさの異なるものから、大きい方、小さい方を選び、文字カード（おおきい、ちいさい）に対応させて分ける。 ・3つの大きさの異なるものを提示し、大きさの順番に並べる。	・明らかに大きさの違う3つのものを用意する。 <u>2つの具体物の大きさを視覚的に判断し、「大きい」、「小さい」の言葉と対応させている。</u> <u>具体物を比較する対象との相対比較で「大きい」、「小さい」を判断している。</u>
10:30	まとめ 終わりの挨拶	・「大きい」、「小さい」それぞれの言葉とイラスト、具体物を対応させて、学習をまとめるようにする。

準備物	動物（模型）、「大きさ・小さい」文字カード、2種類の大きさのイラスト

ラーニングマップによる実態把握

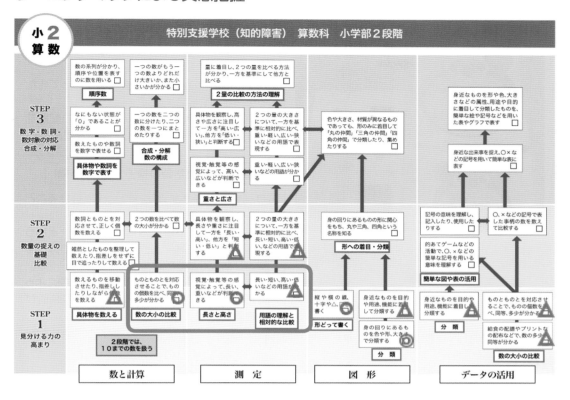

小2 算数　特別支援学校（知的障害）　算数科　小学部2段階

STEP 3
数字 - 数詞 - 数対象の対応
合成・分解

- 数の系列が分かり、順序や位置を表すのに数を用いる □ → **順序数**
- 一つの数がもう一つの数よりどれだけ大きいか、また小さいかが分かる □
- なにもない状態が「0」であることが分かる □
- 数えたものや数詞を数字で表せる □ → **具体物や数詞を数字で表す**
- 一つの数を二つの数に分けたり、二つの数を一つにまとめたりする □ → **合成・分解　数の構成**
- 量に着目し、2つの量を比べる方法が分かり、一方を基準にして他方と比べる □ → **2量の比較の方法の理解**
- 具体物を観察し、高さや広さに注目して一方を「高い・広い」、他方を「低い・狭い」と判断する □
- 2つの量の大きさについて、一方を基準に相対的に比べ、「重い・軽い広い・狭い」などの用語で表現する □
- 視覚・触覚等の感覚によって、高い、広いなどが判断できる □ → **重さと広さ**
- 重い・軽い広い・狭いなどの用語が分かる □
- 色や大きさ、材質が異なるものであっても、形のみに着目して「丸の仲間」「三角の仲間」「四角の仲間」で分類したり、集めたりする □
- 身近なものを形や色、大きさなどの属性、用途や目的に着目して分類したものを、簡単な絵や記号などを用いた表やグラフで表す □
- 身近な出来事を捉え、〇×などの記号を用いて簡単な表に表す □

STEP 2
数量の捉えの基礎
比較

- 数詞とものとを対応させて、正しく個数を数える □
- 雑然としたものを整理して数えたり、指差しをせずに目で追ったりして数える □
- 2つの数を比べて数の大小が分かる □ → **数の大小の比較**
- 具体物を観察し、長さや重さに注目して一方を「長い・高い」、他方を「短い・低い」と判断する △
- 2つの量の大きさについて、一方を基準に相対的に比べ、「長い・短い、高い・低い」などの用語で表現する △
- 視覚・触覚等の感覚によって、高い、広いなどが判断できる △ → **長さと高さ**
- 身の回りにあるものの形に関心をもち、丸や三角、四角という名称を知る □ → **形への着目・分類**
- 記号の意味を理解し、記入したり、使用したりする □
- 的あてゲームなどの活動で、〇、×などの簡単な記号を用いる意味を理解する □ → **簡単な図や表の活用**
- 〇、×などの記号で表した事柄の数を数えて比較する □

STEP 1
見分ける力の高まり

- 数えるものを移動させたり、指差ししたりしながら数を数える □ → **具体物を数える**
- ものとものとを対応させることで、ものの個数を比べ、同等、多少が分かる □ → **数の大小の比較**
- 視覚・触覚等の感覚によって、長い、重いなどが判断できる □ → **長さと高さ**
- 長い・短い、高い・低いなどの用語が分かる △ → **用語の理解と相対的な比較**
- 縦や横の線、十字や△、□を書く □ → **形どって書く**
- 身近なものを目的や用途、機能に着目して分類する □
- 身の回りにあるものを色や形、大きさで分類する 〇 → **分類**
- 身近なものを目的や用途、機能に着目し分類する □ → **分類**
- ものとものとを対応させることで、同等、多少が分かる □
- 給食の配膳やプリントなどの配布などで、数の多少同等が分かる 〇 → **数の大小の比較**

2段階では、10までの数を扱う

| 数と計算 | 測 定 | 図 形 | データの活用 |

教材①

教材の写真 （大きい・小さい　身体で表そう）	教材の使用方法や指導のポイント
	・「大きい!」や「小さい。」と言葉で伝えながら、子どもと一緒に腕や指を使って身振りで大小を表現する。（初めのうちは教師の模倣をする。） ・大きい丸は大きい声でゆっくり、小さい丸は小さい声で静かにと、伝え方を変えてみる。 ・繰り返し身体表現に取り組んだ後に、「大きい（小さい）のはどっち?」と問う。

教材を使用した学習の様子・ここが有効!

※発語のない児童と学習をした。
・教師の真似をして腕を大きく回したり、小さく指を動かしたりしていた。
・「大きい（小さい）は?」という言葉を聞いて、身振りで表現したり、丸を選んだりできた。
・身振りを交えて言葉の意味や大小の感覚を学習できる。

教材②

教材の写真 （大きい・小さいで分けよう）	教材の使用方法や指導のポイント
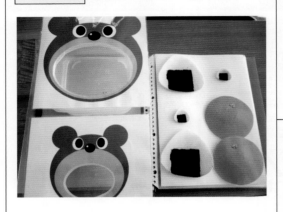	・大きいクマに大きいもの、小さいクマに小さいものを分けて入れる。 ・まずは1種類の食べ物から始め、分かってきたら種類を増やした。 ・クマの位置を入れ替えたり、食べ物の配置をページごとに毎回変えたりして学習を進めた。
	教材を使用した学習の様子・ここが有効!
	・食べ物の大きさを見比べ、大小に分けることができた。 ・クマの近くに『おおきい』『ちいさい』という平仮名カードを置くことで、文字を見て分ける学習にもつながった。 ・同じ形での大小弁別だけでなく、食べ物によって形が違うので、異なる形での大小の弁別ができる。

教材③

教材の写真 （大きい・小さいのはどっち?）	教材の使用方法や指導のポイント
	・お腹が空いてしまったクマから「大きい（小さい）ミカンをください。」とお願いされる。その言葉を聞いて、2つのうち適する大きさのものをクマの口に入れる。 ・初めのうちは大小2つのミカンを使って学習し、分かってきたところで大中小3つのミカンから2つを使った学習をしていく。 （大小、大中、中小の組み合わせ）
	教材を使用した学習の様子・ここが有効!
	・クマ（教員）の言葉を聞くと、2つのミカンを見比べて選んでいた。 ・選ぶだけでなく、ミカンを食べさせたり、クマとやりとりしたりすることを楽しんでいた。 ・3つのミカンを使うことで『大きい』だったものが『小さい』になったり、その逆になったりする。

算数　小学部2段階　STEP 2

単元名	かずをくらべよう（7／10）		
本時のねらい	10までの数で、2つの数量を比べていくつ多いかが分かる。		
目　標	知識・技能	思考・判断・表現	学びに向かう力・人間性
	具体物を操作して、比べ方が分かり、AとBの違いがいくつか分かる。 （小学部2段階）	数量に着目し、2つの数の違いはいくつかを求める方法を考えている。 （小学部2段階）	2つの数の違いに興味関心をもち、自分から具体物を操作している。 （小学部2段階）
	小学部2段階　STEP 2		

時　間	主発問 発問 ○学習内容・学習活動	・手だて　※留意点　評価規準
9:45	・始めの挨拶、導入 **2つの数を比べるには、どうしたらいいかな** ・今日の学習内容の確認	・今日の授業の見通しがもてるよう、予定ボードを提示する。
9:50	**どっちがたくさん釣れるかな？** **魚釣りをして数を比べてみよう** ○2つの量を比較し、差を求める。 ・ブロックを操作し、AはBよりもいくつ多いか、シートを使って答える。 ・3回魚釣りをする。 ・得点表に釣った魚の数を記入する。 **ブロックはいくつ積めばいいかな？** ・ブロック積みケースを使って釣った魚の数のブロックを積む。	・積んだブロックの個数の違いに注目できるよう、ブロックの枠が書かれたケースに積んでいく。 ・いくつブロックを積めばよいか悩んでいるときは、教師と一緒に得点表を確かめる。 <u>得点表の数字を見て、その分だけのブロックを積んでいる。</u>
10:15	**どちらが多いかな？** ・積んだブロックのどちらが多いかを答える。 **いくつ多いかな？** ○お互いのブロックを比べ、どちらがいくつ多いか求める。 ・ブロック積みケースの枠を頼りに、いくつ多いかを考える。 ・答え支援シートに名前や数字を書き込み、答える。 ・2回目に釣った数、3回目に釣った数でも同じ活動をする。	・「AはBより○多い。」という形で答えられるよう、穴埋めになった答え支援シートを使用する。 ・いくつ多いかを考えることが難しい場合は、「ちがい」の分のブロックをケースから取り出し、机に並べて考えるようにする。
10:30	まとめ ・得点表や、答え支援シートを見ながら、どちらがいくつ多かったかを確認する。 ・2つの量の差の求め方を復習する。	※得点表や児童が記入した答え支援シート、板書を使用する。
準備物	予定ボード、プリント（1人3枚ずつ）、ファイル、ブロック、魚、釣り竿（2本）、皿（2枚）、ホワイトボードペン、得点表、ブロック積みケース	

ラーニングマップによる実態把握

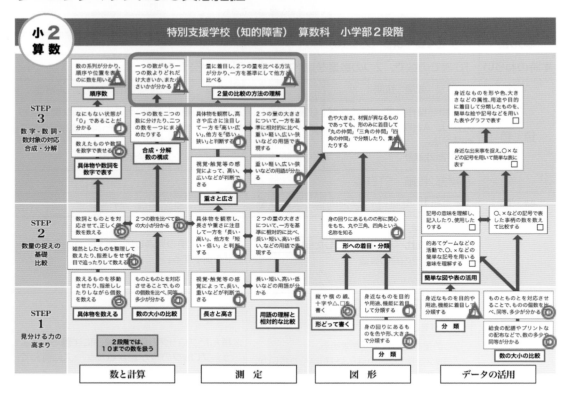

小2 算数

特別支援学校（知的障害）　算数科　小学部2段階

教材①

教材の写真	教材の使用方法や指導のポイント

教材の使用方法や指導のポイント

・2つの数の差の分のブロックをケースから取り出す活動を入れる。取り出すことで差が目に見え、答えが求めやすくなる。
・＿＿＿は＿＿＿より〇おおい。という言葉が書かれたプリントに記入しながらブロックを操作していく。

教材を使用した学習の様子・ここが有効！

・やり方を覚えると、数字を見て自分からブロックを積んだ。
・差の分のブロックを取り出して数え、プリントに数字を記入することができた。

算数　小学部2段階　STEP 3

単元名	上・下、前・後ろ、どこだ（3／6）
本時のねらい	上下、前後の方向や位置を表す言葉が分かる。

目　標	知識・技能	思考・判断・表現	学びに向かう力・人間性
	方向や位置を表す言葉を用いたり、具体物を操作したりして、ものの位置を表すことができる。 （小学部2段階）	上下、前後の方向、位置があっているかを判断することができる。 （小学部2段階）	やることが分かり、自分で操作をしたり、取り組んだりすることができる。 （小学部2段階）
	小学部2段階　STEP 3		

時　間	主発問　発問　○学習内容・学習活動	・手だて　※留意点　評価規準
9:45	・始めの挨拶 ・今日の学習の確認	・活動をイラストと文字で提示する。
9:50	うえ、した、まえ、うしろを考えよう ○位置を表す言葉の理解 ・動物のイラストを操作したり、言葉や指差しで上下、前後を伝えたりする。 ・指示した場所の上下にいる動物を答える。 ・イラストを並べ、指示したものの前後にいる動物を答える。	・児童が興味をもって位置を表す言葉を使用できるよう、児童の好きなイラストを扱う。 ・学習のはじめに上下、前後がどの方向を表すのか理解できるように、指差しや身振りと一緒に言葉を伝える。 <u>教師の上下、前後を表す言葉を聞いて、具体物を操作したり、それぞれの場所にいる動物を答えたりしている。</u>
10:10	○具体物の位置を上下、前後の位置を表す言葉で答える ・ゲーム「うえ、した、まえ、うしろをこたえよう」具体物を列車や建物の模型の中に置き、上下、前後どこにあるか問題を出し、答える。 ・友達の置いた具体物の位置を、上下、前後の位置を表す言葉で答える。	・上、下、前、後ろという言葉と位置関係を対応して理解できるよう、文字と→を合わせてカードにして提示しておく。 <u>具体物の位置を上下、前後の位置を表す言葉で答えている。また、正誤の判断をして正しい位置を伝えている。</u>
10:25 10:30	・学習のまとめ 　分かったこと、がんばったことをノートに書く。 　学習カレンダーにシールを貼る。 ・終わりの挨拶	・学習を振り返ることができるように、イラスト付きのシールを貼る。
準備物	動物のイラスト、具体物・模型各種、方向を表す文字カード	

ラーニングマップによる実態把握

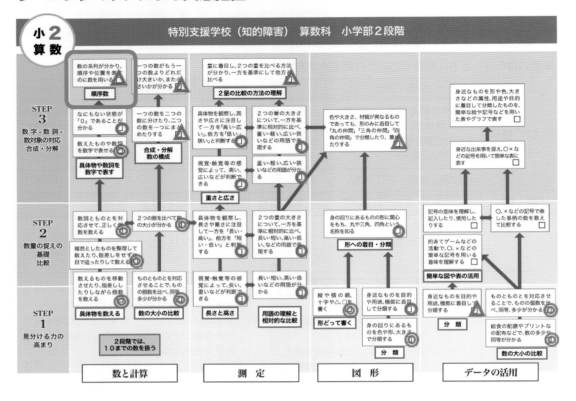

小2 算数

特別支援学校（知的障害）　算数科　小学部2段階

STEP 3
数字 - 数詞 -
数対象の対応
合成・分解

STEP 2
数量の捉えの
基礎
比較

STEP 1
見分ける力の
高まり

数と計算　　測定　　図形　　データの活用

教材①

<table>
<tr><td colspan="2">教材の写真</td></tr>
<tr><td>

</td><td>

教材の使用方法や指導のポイント

　動物のイラストをランダムに横並び、または縦の並びで掲示し、手元のカードを使って位置や順番を答える。

教材を使用した学習の様子・ここが有効!

　「右から」（左から）、〇番目は、「（動物の名前）」です、と答える枠を用意し、それぞれ空欄に当てはめる形で、順序を表す方法の理解を深める。

</td></tr>
</table>

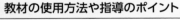

算数　小学部3段階　STEP 1

単元名	くらべて、分けよう　形編（9／10）		
本時のねらい	基本的な形（丸、三角形、四角形）の特徴（角、辺の数）に着目して、図形ごとに分類する。		
目　標	知識・技能	思考・判断・表現	学びに向かう力・人間性
	図形を構成する角と辺の数が分かる。 （小学部3段階）	角や辺の数を数えながら形の分類に取り組んでいる。 （小学部3段階）	身の回りにあるものの中から丸、三角形、四角形などの図形を見つけている。 （小学部3段階）
	小学部3段階　STEP 1		

時　間	主発問 発問 ○学習内容・学習活動	・手だて　※留意点　評価規準
9:45	始めの挨拶 ○図形（丸、三角形、四角形）の分類 ・3つのトレーに、丸、三角形、四角形に形カードを分類する。 角（辺）が1・2・3、3つあるから… この形はどの仲間でしょう ・形カードの角や辺の数を全員で確認する。	・今まで使った形カード全て（無地のものとイラストや写真が入っているもの）をランダムに配布する。 ・分類が終わったら、理解の確認と学習の補習を兼ねて、一度教師と1対1で正しく分類できているか確認する。
10:00	○角の数による図形の分類① ・校内にある物の写真を見て、角や辺の数を確認する。 ・校内に実物を探しに行き、発見カードにチェックする。	・角や辺を触ったりシールを貼ったりしながら数を確認する。
10:20	○角や辺の数による図形の分類② ・「謎の最終チェッククイズ」に挑戦する。 ・二等辺三角形・直角三角形・ひし形・平行四辺形などの、発展した形カードを、丸、三角形、四角形のどれかに必ず分類する。 どの図形の仲間でしょう。 まる?さんかく?しかく? ・1人に1枚ずつ教師が最終チェッククイズの形カードを渡し、ホワイトボードに生徒がカードを貼っていく。	※発見カードに、「謎の最終チェッククイズ」という欄を作っておく。 ・形カードの角に1・2・3と番号を振り、角の数の数字を見て確認できるようにする。 ・ホワイトボードには、三角の枠には「3」、四角の枠には「4」と、角の数の数字を明記しておく。 <u>図形の角や辺の数に着目し、丸、三角形、四角形、いずれかにあてはまるかを判断している。</u>
10:30 10:35	・今日の学習のまとめをする。 ・ホワイトボードに分類した形カードを見ながら確認する。 終わりの挨拶	・学習したことを振り返ることができるよう、要点をホワイトボードに整理し、教材を貼っておく。
準備物	形カード各種（無地・イラスト有り・写真有り）、トレー、発見カード、ポイント通過がわかるシールやイラスト、カレンダーノート、シール	

ラーニングマップによる実態把握

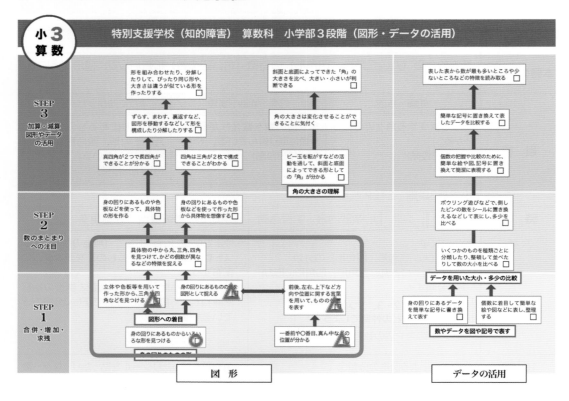

小3 算数　特別支援学校（知的障害）　算数科　小学部3段階（図形・データの活用）

	図形			データの活用

STEP 3　加々・減算 図形やデータ の活用

- 形を組み合わせたり、分解したりして、ぴったり同じ形や、大きさは違うが似ている形を作ったりする □
- ずらす、まわす、裏返すなど、図形を移動するなどして形を構成したり分解したりする □
- 真四角が2つで長四角ができることが分かる □
- 四角は三角が2枚で構成できることがわかる □
- 斜面と底面によってできた「角」の大きさを比べ、大きい・小さいが判断できる □
- 角の大きさは変化させることができることに気付く □
- ビー玉を転がすなどの活動を通して、斜面と底面によってできる形としての「角」が分かる □
- **角の大きさの理解**
- 表した表から数が最も多いところや少ないところなどの特徴を読み取る □
- 簡単な記号に置き換えて表したデータを比較する □
- 個数の把握や比較のために、簡単な絵や図、記号に置き換えて簡潔に表現する □

STEP 2　数のまとまり への注目

- 身の回りにあるものや色板を使って、具体物の形を作る □
- 身の回りにあるものや色板などを使って作った形から具体物を想像する □
- 具体物の中から丸、三角、四角を見つけて、かどの個数が異なるなどの特徴を捉える □
- ボウリング遊びなどで、倒したピンの数をシールに置き換えるなどして表にし、多少を比べる □
- いくつかのものを種類ごとに分類したり、整頓して並べたりして数の大小を比べる □
- **データを用いた大小・多少の比較**

STEP 1　合併・増加・ 求残

- 立体や色板等を用いて作った形から、三角や四角などを見つける ⚠
- **図形への着目**
- 身の回りにあるものの形を図形として捉える ⚠
- 前後、左右、上下など方向や位置に関する言葉を用いて、ものの位置を表す □
- 身の回りにあるものからいろいろな形を見つける ▶
- 一番手前や〇番目、真ん中などの位置が分かる ⚠
- 身の回りにあるデータを簡単な記号に書き換えて表す □
- 個数に着目して簡単な絵や図などに表し、整理する □
- **数やデータを図や記号で表す**

教材①

教材の写真

「○△□のカード」
（無地・マグネット付）

教材の使用方法や指導のポイント

　まる・さんかく・しかくの分類の学習の単元の導入で、遊び感覚で図形にふれあう時に使用した。

　また、2つを組み合わせることで正方形や長方形1つの大きさになったり、底辺の辺の長さが、正方形や長方形の辺の長さと一緒の三角形を入れたりすることで、タングラムのような遊び方や、自分で何か具体的な形に見立てて創造あそびができるようにした。

教材を使用した学習の様子・ここが有効!

- シンプルだが、しっかりした厚みや硬さのある素材（カラーのスチレンボード）で、大量に用意して提示したことで、生徒の「遊びたい!」という気持ちを引き出すことに成功。
- 別単元では、表の横軸で色・縦軸で形で分けるという、2種類以上の属性を理解して分類する学習の時にも使用できた。

算数　小学部3段階　STEP 2

単元名	同じ量で分けよう（4／10）
本時のねらい	決められた数に等分することができる。

目　標	知識・技能	思考・判断・表現	学びに向かう力・人間性
	一連の活動工程を理解し、決められた数に等分することができる。 （小学部3段階）	決められた数に着目し、粘土を同じ大きさに切り分けることができる。 （小学部3段階）	自分で等分する数量を決めて一人で活動を進めることができる。 （小学部3段階）
	小学部3段階　STEP 2		

時　間	主発問　発問　○学習内容・学習活動	・手だて　※留意点　評価規準
9:45	・始めの挨拶 　ピザをみんなで同じ量で分けるにはどうしよう? ・今日の学習内容を知る。 　①粘土（生地）を丸めて伸ばす。 　＿＿＿ 等分に切り分ける。	・主発問の内容を本時の学習問題として板書し、楽しくとは「同じ大きさで平等に」というポイントを示す。 ・本時の学習活動をホワイトボードに記して示す。
9:50	○ピザ作りを粘土で行い指定の数に等分する。 　何人分に分けますか。 ・自分で等分する数を決める。 ・工程に沿ってピザ作りを進める。 ・決めた数になるよう粘土を切り分け。	・ホワイトボードに作り方の工程を提示する。 ・何等分にするかを決める際に具体的な集団の人数を提示する。 （例：同じクラスのメンバー→　8人　=8等分） 決めた数に等分するため粘土を切り分けている。
10:10 10:25 10:35	○等分した物の理解を工夫する。 　同じ大きさになっていますか。 ・切り分けた粘土の数を数え、粘土を重ね合わせて大きさを確認する。 ・まとめ 　本時で学習したことの振り返り、今回扱った等分の図を見て確認する。 ・終わりの挨拶	・切り分けた粘土の数を教師と一緒に確認する。 等分したことを確かめるように切り分けた粘土を丁寧に重ねて大きさを確認している。 ・今回扱った等分の図（板書）を見て、シートの中から当てはまる図に○をつけて本時の学習を振り返ることができるようにする。

準備物	粘土、粘土マット、めん棒、ピザカッター、紙皿、等分の図確認シート

ラーニングマップによる実態把握

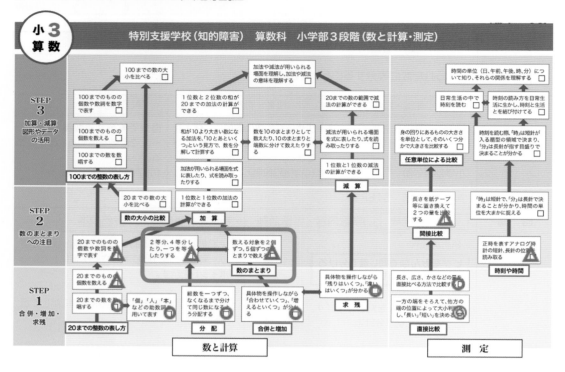

教材①

教材の写真

3等分　5等分　7等分

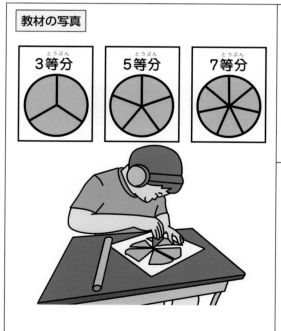

教材の使用方法や指導のポイント

・粘土を扱ってピザに見立てた生地を切り分けて等分の学習をすることで体験的に学習をすることができるような設定の工夫をした。
・等分の数に合わせてガイドとなるシートを用意し、自分で等分したい数を決め、その数に合わせて対応したシートがどれか考え活用できるようにした。

教材を使用した学習の様子・ここが有効!

　等分のポイントとして、【同じ大きさになる】ということを押さえた。切り分けた粘土を自分で重ねて大きさを確認し、自身で等分ができたかどうかの判断ができる場面を設定することで、大きさが同じにならない、「困った。」という生徒の気づきを引き出すことができた。同じ大きさに切り分けられたときには、笑顔で「できました。」と手応えを感じる様子が見られた。

単元名	足し算をしよう〜あわせていくつ〜　（4／9）
本時のねらい	加法が用いられる合併の場合の理解をし、計算の意味や計算の仕方を見つけ出す。

目　標	知識・技能	思考・判断・表現	学びに向かう力・人間性
	加法が用いられる合併や増加の場合について理解し、変化した具体物の数量が合計でいくつか答えることができる。 (小学部3段階)	場面の絵を見て数量の増減を考え、計算記号「+」や「=」を使って立式し、その解を求めることができる。 (小学部3段階)	加法により効率的に計算できることが分かり、加法をすすんで用いようとしている。 (小学部3段階)
	小学部3段階　STEP 3		

時　間	主発問　発問　○学習内容・学習活動	・手だて　※留意点　評価規準
9:45	始めの挨拶	
9:46	○数唱をする ・一人ずつ　1〜20 ・みんなで　リレー　1〜20 ・2とび　偶数　2〜20	※正しく読めるように、表を提示して読み上げてもよいことを伝える。
10:00	○計算記号を使った立式 ・式の作り方を確認しよう。 　＋や＝はどんな意味だったかな？ ・例題（イラスト）をみて、白板に式を作る。	・思い出せるように「あわせて」「たす」「こたえ」「は」のキーワードを提示して想起を促す
10:10	・カーリングゲームをしよう。 　・ゲームの説明。 　・記録をしながらゲームをする。	・記号・数字カードを用意し、貼って式を作る。 ・生徒が記録用紙に記録する。
10:20	○1位数同士の加法の計算 ・ゲームの得点を計算して求めよう。 　得点の合計を求めるには？ ・自分の記録をもとに、合計を求める式の立式をする。 ・頭の中で足し算をする。 ・先生と一緒に半具体物を使って計算する。 ・ワークシートチェックとがんばり確認。	得点の合計を求める式を立式している。 ・半具体物を使って計算する生徒は提示時間を短くする。 1投目と2投目の得点の合計点を計算して求めている。 ・生徒が頑張ったことを発表する。 ※次の学びへの意欲となるよう、大いに称揚する。
10:35	終わりの挨拶	
準備物	数字カード、計算式カード、カーリングセット、記録表、ワークシート	

ラーニングマップによる実態把握

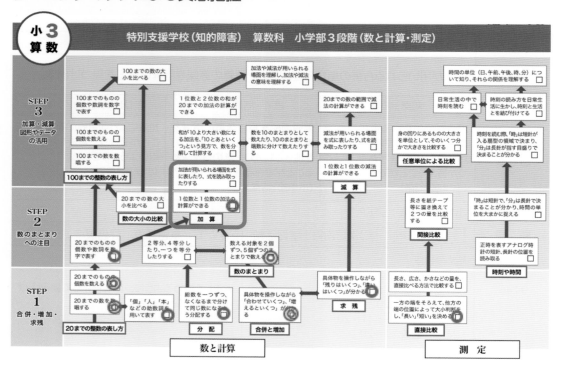

特別支援学校（知的障害）　算数科　小学部3段階（数と計算・測定）

教材①

数学　中学部1段階

単元名	たくさんの数を数えよう
本時のねらい	二桁の数のいろいろな具体物を 10 ずつのまとまりにして数える。

目　標	知識・技能	思考・判断・表現	学びに向かう力・人間性
	・二桁の数の具体物を 10 ずつのまとまりと端数に分けた数え方が分かる。 (中学部1段階)	・ツールを選んだり、自分で工夫したりしてどんなものでも 10 ずつにまとめて数えることができる。 (中学部1段階)	・これまでの学習経験を活かし、たくさんあるものを自分で数えることができる。 (中学部1段階)
	中学部1段階		

時　間	主発問 発問 ○学習内容・学習活動	・手だて　※留意点　評価規準
9:45	始めの挨拶 ・今日の日付、天気、教科の確認	・カレンダーで、「今日」がどこか確認する。
9:50	○二桁の数（10、20、30…）と一桁の数を合わせた数の表し方 　合わせていくつかな？ ・10 が△こ、バラが□こで　全部でいくつか答える。 ・解き方が分かったら自分でプリントの問題に取り組む。	・位を合わせて読める数字カードを用意する。 ・板タイルを提示し、数（数量）のイメージが持てるようにする。
10:05 10:20	○二桁の数の具体物を数える。 　いくつあるかな?たくさんあるものを数えてみよう。 ・二桁の数のストローを数える。 ・数えた数をワークシートに記入する。 ・答え合わせをする。 　例：10 のまとまりが4こで　　40 こ 　　　　　バラが　　　　5 こ 　　　　　全部で　　　45 こ ・二桁の数のメモ用紙を数える。 ・答え合わせをする。 （時間内、数える具体物や数を変えていろいろなものを数える活動に取り組む。）	・10 個にまとめるためのツールとして小袋や紙コップ、輪ゴム、カップなどを用意する。 ・ツールの使い方を確認する。 ・数えた数をメモできるようワークシートを用意する。 <u>ツールを使ったり、自分で考えたりして工夫して数えているか。</u> ・答えが合っているか確かめられるように数字カード（2 桁と 1 桁）を使って確認する。 <u>自分で 10 個ずつのまとまりと端数に分けて数えているか。</u>
10:35	終わりの挨拶	

準備物	板タイル、数字カード、数える具体物（ストロー、メモ用紙、クリップ、ビーズなど）、小袋、紙コップ、カップ、輪ゴム、ワークシート

93

ラーニングマップによる実態把握

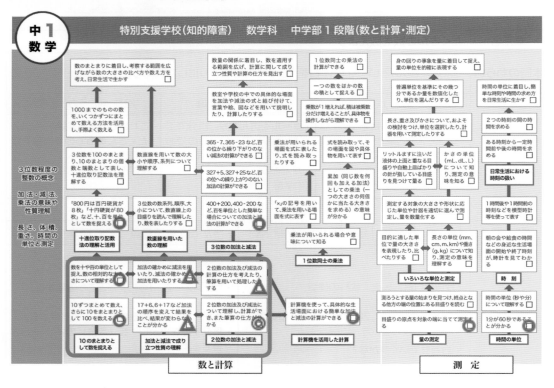

中1 数学

特別支援学校（知的障害）　数学科　中学部1段階（数と計算・測定）

3位数程度の整数の概念

加法・減法、乗法の意味や性質理解

長さ、体積、重さ、時間の単位と測定

数と計算

- 数のまとまりに着目し、考察する範囲を広げながら数の大きさの比べ方や数え方を考え、日常生活に生かす □
- 1000までのものの数を、いくつかずつにまとめて数える方法を活用し、手際よく数える □
- 3位数を100のまとまり、10のまとまりの個数と端数として表し、十進位取り記数法を理解する □
- 「800円は百円硬貨が8枚」「十円硬貨が80枚」など、十、百を単位として数を捉える ◎

  十進位取り記数法の理解と活用

- 数直線を用いて数の大小や順序、系列について理解する □
- 3位数の数系列、順序、大小について、数直線上の目盛りを読み取ったり、数を表したりする ◎

  数直線を用いた数の理解

- 数を十や百の単位として捉え、数の相対的な大きさについて理解する △
- 10ずつまとめて数え、さらに10をまとめとして100を数える ◎

  10のまとまりとして数を捉える

- 加法の確かめに減法を用いたり、減法の確かめに加法を用いたりする △
- 17+6,6+17など加法の順序を変えて結果を比べ、結果が変わらないことが分かる △

  加法と減法で成り立つ性質の理解

- 数量の関係に着目し、数を適用する範囲を広げ、計算に関して成り立つ性質や計算の仕方を見出す □
- 教室や学校の中での具体的な場面を加法や減法の式と結び付けて、言葉や絵、図などを用いて説明したり、計算したりする □
- 365-7,365-23など、百の位から繰り下がりのない減法の計算ができる □
- 327+5,327+25など、百の位への繰り上がりのない加法の計算ができる □
- 400+200,400-200など、百を単位とした簡単な場合についての加法や減法の計算ができる ◎

  3位数の加法と減法

- 2数の加法及び減法の計算の仕方を考えたり、筆算を用いて処理したりする △
- 2数の加法及び減法について理解し、計算ができ、また筆算の仕方が分かる ◎

  2位数の加法と減法

- 1位数同士の乗法の計算ができる □
- 一つの数をほかの数の積として捉える □
- 乗数が1増えれば、積は被乗数分だけ増えることが、具体物を操作しながら理解できる □
- 乗法が用いられる場面を式に表したり、式を読み取ったりする □
- 累加（同じ数を何回も加える加法）としての乗法（一つの大きさの何倍かに当たる大きさを求める）の意味が分かる □
- 「×」の記号を用いて、乗法を用いる場面を式に表す □
- 乗法が用いられる場合や意味について知る □

  1位数同士の乗法

- 数量の関係に着目し、数を適用する範囲を広げ、計算に関して成り立つ性質や計算の仕方を見出す □

- 計算機を使って、具体的な生活場面における簡単な加法と減法の計算ができる ◎

  計算機を活用した計算

測定

- 身の回りの事象を量に着目して捉え、量の単位を的確に表現する □
- 普遍単位を基準にその幾つ分であるか量を数値化したり、単位を選んだりする □
- 長さ、重さ及びかさについて、およその見当をつけ、単位を選択したり、計器を用いて測定したりする □
- リットルますに注いだ液体の上面と重なる目盛りや自動上皿ばかりの針が指している目盛りを見つけて量る □
- 式を読み取って、その場面を図や具体物を用いて表す □
- 測定する対象の大きさや形状に応じた単位や計器を適切に選んで測定し、量を数値化する □
- 目的に適した単位で量の大きさを表現したり、比べたりする □
- 長さの単位（mm、cm、m、km）や重さ（g、kg）について知り、測定の意味を理解する □

  いろいろな単位と測定

- 測ろうとする量の始まりを見つけ、終点となる他方の端の位置にある目盛りを読む □
- 目盛りの原点を対象の端に当てて測定する ◎

  量の測定

- 時間の単位に着目して捉え、簡単な時刻や時間の求め方を日常生活に生かす □
- 2つの時刻の間の時間を求める □
- ある時刻から一定時間前や後の時間を求める □

  日常生活における時刻の扱い

- かさの単位（mL、dL、L）について知り、測定の意味を知る □
- 1時間後や1時間前の時刻などを模型時計等を使って表す □
- 時間の単位（秒や分）について知る □
- 1分が60秒であることが分かる ◎

  時刻

  時間の単位

教材①

教材の写真	教材の使用方法や指導のポイント
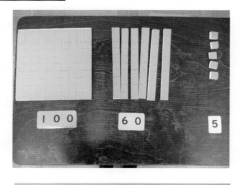 100　60　5 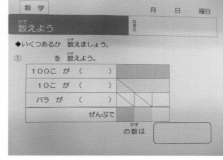	・一の位、十の位、百の位など、位取りを意識して数量を理解できるようにする。 ・百の位、十の位を数のまとまりとして捉え、操作しながら数を扱えるようにする。 **教材を使用した学習の様子・ここが有効!** 　まずは一の位と十の位で数量を理解できるようにする。10個のまとまりがいくつあるかを数え、十の位がいくつになるのか、また一の位がいくつであるかを考えられるようにした。位取りの理解が進んだら、百の位まで扱うようにした。それぞれの位に100のまとまり、10のまとまりがいくつあるのかメモできるよう、プリントを用意し、位取りの考え方を整理したことが有効だった。

Column コラム ③

私の教材開発①　「見て、触って、考える教材の開発」

1　教材開発の経緯

(1) 児童の実態

　本取り組みにおける対象児童は小学部3年生の児童で、ラーニングマップの評価は1段階2ステップ、対象物への気付きの内容について学習を進めてきました。この評価から、運動感覚を手掛かりとして取組から、視覚的な形の認知へすすむ段階だと分かりました。次のステップとして、「見分ける」、「形に注目する」の目標、内容を選定し、「具体物を見分ける」ことについての初期段階の学びを深める単元「どっちにいれるかな?」を設定しました。

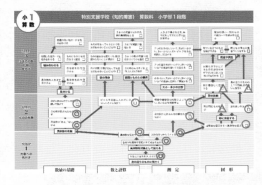

(2) 開発した教材

　図形の領域では、型はめパズルのピースを型に入るように回したり、裏返したりの操作をして取り組むことができます。その中で、型枠が大きく、ピースが小さいときにも、枠にピースが落ちた感覚で終わりにすることがあり、視覚を使って違いや方向を認識して操作することが苦手です。そこで、運動感覚を手掛かりとした取り組みから、視覚的な形の認知へ進み、半具体物を見分けることができるようにするために本教材を開発しました。

　形の違いや方向を見分けるねらいで、入り口は視覚、入れ込む際は運動感覚を使う意図があります。形の違いは、穴の開いたリングと球体のボールの区別、方向の違いはリングが横か縦かを見分けることをねらいとしています。また、1段階の授業づくりのポイントとして、始点と終点の理解ができるように、リングもボールも手先の運動感覚として負荷を最後まで感じながらできるよう、ボールと筒、リングと棒、それぞれの隙間を狭くなるよう大きさや太さを工夫して作成しました。リングをさす、ボールを入り口へはめ込むことが操作の視点となり、リングを底までおろす、ボールを筒に入れ込むことが操作の終点になると考えました。

2 教材を使用した実践

(1) 実践の経過

　本単元では、大きく分けて「筒に入れる」、「棒に刺す」の2種類の操作をして区別することから、1種類ずつ操作の仕方を学習してから組み合わせていく計画を立てました。

　最初は本児がボールを筒に入れ込む操作ことができるように、ボールに触れる、手に取ることから始め、投げたり潰したりと教材に関わろうとしていました。ボールを手に取り、筒に入れる活動を通して、ボールや筒の入り口に注視をして操作ができるようになりました。

　次の段階として、リングを棒に刺す学習をしました。リングの素材が柔らかく潰したり、指に通したりして関わることから始め、教師が手を添えて一緒に刺すことで、操作の動きを学習し、手添えをする時間や力加減を少しずつ縮小していくことで、リングが底で止まるまで自分で下していくことができるようになりました。

　最後に、リングとボールを交互に、また、ランダムに提示し、それぞれの操作をしていきます。リングはボールを入れる筒に入る大きさなので、見分けや区別をしないと間違えてしまうことがあります。最初はリングを手にしても、筒が近くにあると入れてしまうことがありましたが、入れた瞬間に間違いに気が付き、筒をひっくり返してリングを自分で出そうとするまでになりました。

(2) 教材を通した学びの成果

　見て触ってリングかボールのどちらを持っているのか、ふさわしいのは棒か筒かを考えて、棒や筒を自分の近くへ引き寄せ、操作できるようになりました。教師が提示するリングの位置によって注視することが難しいこともあったので、提示位置を左右、前後の変化を加え、活動の幅を広げていくことで、注視して見分けることの理解が深まりました。

3 私の教材開発の point

　ラーニングマップによる学習状況の把握や日常生活から、手先の運動感覚と視覚を使って学習できる教材が必要だと分かりました。1段階の学習づくりにおいて、触ったり、見たり、色を赤や青といった鮮やかな色を用いたり、素材をスポンジやプラスチックなど異なる素材を用いることで、視覚よりも手先の感覚を優位に使っている状況から目を使って見分ける学習ができました。中でも、教材の使い方がポイントとなり、1つずつリングやボールを手渡したり、置いたりする提示の工夫、棒と筒を左右や上下、前後に置いたりすることで視線を向けることができるようになってきています。今後もラーニングマップを活用して学習状況を適切に把握し、発達段階に合わせた教材によって、児童も教師も「できた」、「わかった」が評価できる授業づくりをしていきたいと考えています

第 5 章

教材マップ

この章では、各段階各STEPにおける実践校の児童生徒が活用している教材について紹介します。「教材マップ」（国語 P100 〜 P102、算数・数学 P126 〜 P128）は、ラーニングマップの縦軸（発達的基盤）に沿って、教材をマッピングしたものになります。マッピングすることで、教材を構成する要素の系統性が明確になりました。

　例えば、国語小学部1段階 STEP 1や STEP2では、言葉に気付く操作的な要素が重要になります。STEP 2になると、具体物の言葉を意識して又は活用して操作していく言語活動を支える教材が大切になります。STEP 3になると、言葉の意味を理解して操作したり、識別したりする言語活動を支える教材開発がポイントになります。

　算数の小学部1段階をみていくと、STEP 1では、対象物に注目できることが重要となります。そのためには、児童生徒の興味関心をよく理解して注目できる要素（色、音、形等）を吟味する必要があります。STEP 2では、「色」「形」「大きさ」「数」等に注目して、弁別できる力を育成するための教材が期待されます。その際、どの属性に注目させるのかを教科の目標と照らし合わせ、焦点化する必要があります。

　ここで、教材に含まれる属性（要素）によって、段階やSTEPが異なることを説明します。**図5−1、図5−2、図5−3**は、どれも「形」の弁別に関する教材になります。しかし、「形が同じものを選ぶ」「形の違いを捉える」（小学部1段階 STEP 2）と「具体物を色で見分ける」「具体物を形で見分ける」「形に着目して区別する」「日常生活で目にするものの形の弁別ができ、同じ形、異なる形で見分ける」（小学部1段階 STEP 3）、「身の回りにあるものを色や形、大きさで分類する」（小学部2段階 STEP 1）、「身の回りにあるものの形に関心をもち、丸や三角、四角という名称を知る」（小学部2段階 STEP 2）、「色や大きさ、材質が異なるものであっても、形のみに着目して「丸の仲間」「三角の仲間」「四角の仲間」で分類したり、集めたりする」（小学部2段階 STEP 3）では、教材の仕掛けが異なります。

図5−1	図5−2	図5−3
小学部1段階 STEP 2	小学部1段階 STEP 3	小学部1段階 STEP 3〜 小学部2段階 STEP 3

　小学部1段階 STEP 2では、**図5−1**に示すように、「色」といった属性に影響を受けないように、色は同色にする必要があります。小学部1段階 STEP 3では、「形」「色」「大きさ」と属性が複数ありますが、その中でも、「形」に着目できる力を育てたいので、教材は「形」に加え、児童生徒の実態に応じて、属性を加えていきます。発展的な課題として、日常生活で目にするものの形の弁別ができるようになることを目指します。**表5−1**のように、教材に含まれる属性（要素）によって、ラーニングマップで扱える内容（教科としてねらえる範囲）が異なってきます。授業をする際には、教材

にどのような属性（要素）を入れるとどのように教科の内容が発展していくのかといった系統性を踏まえて授業づくりをしていくと、児童生徒にとって、般化性の高い授業展開となると思います。

表5－1　教材に含まれる属性（要素）とラーニングマップの内容との関係

段階 STEP	ラーニングマップ			
小学部1段階 STEP2	「形が同じものを選ぶ」	○		
	「形の違いを捉える」	○		
小学部1段階 STEP3	「具体物を色で見分ける」		○	
	「具体物を形で見分ける」		○	
	「形に着目して区別する」	△	○	
	「日常生活で目にするものの形の弁別ができ、同じ形、異なる形で見分ける」			○
小学部2段階 STEP1	「身の回りにあるものを色や形、大きさで分類する」			○
小学部2段階 STEP2	「身の回りにあるものの形に関心をもち、丸や三角、四角という名称を知る」			○
小学部2段階 STEP3	「色や大きさ、材質が異なるものであっても、形のみに着目して『丸の仲間』『三角の仲間』『四角の仲間』で分類したり、集めたりする」			○

STEP3

絵などを用いて生活経験から想起し、言葉と結び付けて表現する

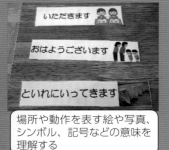

音声模倣などによる発声・発語による自分なりの表現をする

場所や動作を表す絵や写真、シンボル、記号などの意味を理解する

音まね、声まねをする

物語の一場面を言葉で唱えたり、動作化したりする

動作の模倣をする

絵に着目して、教師と一緒に言葉や擬態語などを声に出す

表現や身振りによる表現をする

STEP2

言葉が事物の内容を表していることが分かり、言葉と事物を一致させている

写真、絵、映像などで身近な事物が表現されていることに気付き、注目する

STEP1

呼びかけに対する応答遊びをする

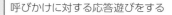

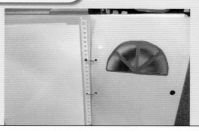

言葉が用いられていることに注意を向ける

言葉のもつ音やリズムに意識を向け、気付く

※ここで紹介している各教材は、系統立ててマッピングを行っていますが、STEP を跨いで幅広く使用できるものもあります。例えば、STEP 1にマッピングされている教材が、STEP 2および3として扱えることもありますので、お子さんの学習状況、目標に合わせてご活用ください。

教材マップ　国語編　小学部2段階

STEP3

映像や写真などを手掛かりに体験したことを思い出す

絵本の時間の経過の大体を捉える

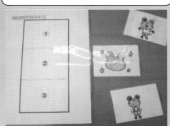

STEP2

言葉の表す意味と行動を結び付ける

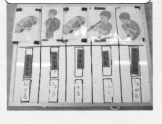

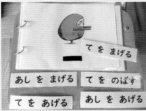

2語文程度の簡単な指示を聞き、応じた行動をする

文字で事物を表すことができることが分かる

身の回りの事物や事象、気持ちなどを表した言葉っを聞いたり、まねして言葉で表現したりする

STEP1

会話を通して、ものの名前や動作などいろいろな言葉に触れ、使用する

動詞や形容詞を含む話を聞いて理解する

STEP3

（例）『学校祭』の大成功を受けて、イベントごとの記事をつくり、『学校祭新聞』として掲示物を作成しました。

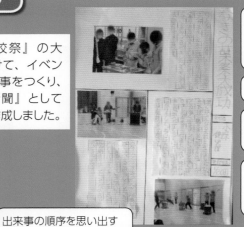

事柄の順序、語と語や文と文との続き方、特殊音節の表記、助詞の使い方などを意識しながら書いた語句や文を読み返し、正しいものに書き直す

書いた語句や文を読み、間違いを正す

必要な事柄を思い出したり、想像したりして書き出す

見聞きしたことのおおよそや自分の気持ちなどに当てはまる言葉を探し、話す順番について検討する

出来事の順序を思い出す

STEP2

（例）『修学旅行新聞』（高等部 3 年の実践）修学旅行に関するお知らせや報告などを新聞にして、学年や学部のみんなに伝えます。

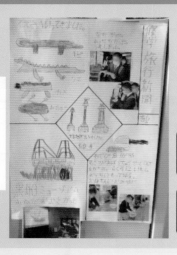

経験したことを、言葉を用いて振り返り、言葉を用いて感じたことを表す

絵や写真などを手掛かりに経験したことを振り返り、伝えたいことを検討する

STEP1

文の中の主語と述語、助詞が変わることで表す状況が変化することが分かる

※ P63（第 4 章）に掲載しています

※ P62（第 4 章）に掲載しています

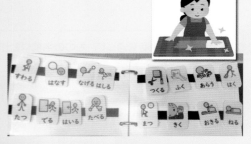

※ P60（第 4 章）に掲載しています

ラーニングマップ対応教材集

教科	国語	段階・STEP	小学部1段階・STEP1
教材を使用した単元（題材）名			おはなし　こんにちは
学習目標		教師の読み聞かせを聞いて絵に注目したり、言葉のもつ音やリズムに意識を向けたり、気づいたりできる。	

教材の写真

教材の使用方法や指導のポイント

・絵本に登場する立体物を動かしながら、教師が読み聞かせ（語り）をする。
・絵本の言葉（繰り返しの言い回し）に合わせて、児童が立体物を操作するよう、働きかける。

教材を使用した学習の様子・ここが有効!

・絵本に出てくる物を具体物にすることで、注目しやすい。
・擬態語や繰り返しの言い回しが出てくる簡単なストーリーを選ぶことで、言葉の音やリズムに気づくことができる。
・教師の呼びかけに応じて、具体物を動かすやりとりが、ストーリーにのって楽しくできる。

『おせんべやけたかな』（こがようこ，童心社）

〈その他の教材〉 ねらいは上記と同様

『ぱかっ』
（森あさ子，ポプラ社）

『おふろにいれて』
（せなけいこ，ポプラ社）

『なきごえたくはいびん』
（えがしらみちこ，白泉社）

教科	国語	段階・STEP	小学部1段階・STEP 1
教材を使用した単元（題材）名		とんとんとんとん　とんねるくん	
学習目標		繰り返されるセリフに注意を向けてページをめくる	

教材の写真

『とんねるくん』（こぐれけいすけ，WAVE出版）

教材の使用方法や指導のポイント

・「とんとんとんとんとんねるくん、○○に、よっこらしょ〜!」の掛け声に合わせてページをめくる学習をした。
・「とんとんとんとん」と声に合わせてページを叩くこともポイント。

教材を使用した学習の様子・ここが有効!

・同じ音やリズムの言葉を使っているため、言いやすく、覚えやすいので、実態が少し違う集団でも使用できた。
・めくってでてきた物に注目をして好きなものがでると声を出したり、笑顔になったりした。

教科	国語	段階・STEP	小学部1段階・STEP 1
教材を使用した単元（題材）名		とんとんとんとん　だれですか?	
学習目標		繰り返されるセリフに注意を向けてページをめくる ページをめくって出てくる顔やイラストに期待感をもつ。	

教材の写真

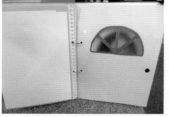

教材の使用方法や指導のポイント

・「とんとんとん、だれですか?」の掛け声に合わせたり、自分で言ったりしながらドアのページを叩いて、ページをめくっていく。ドアから覗いている物や人は児童の実態に合わせて出し加減を調整する。

教材を使用した学習の様子・ここが有効!

・同じ音やリズムの言葉を使っているため、真似しやすく、児童が「とんとんとん」とドアを叩いてから教師がページをめくるようにすると、自分から「ととと」と言ってドアを叩いて注目できるようになった。

教科	国語・算数	段階・STEP	小学部国語1段階・STEP 2 小学部算数1段階・STEP 2
教材を使用した単元（題材）名			同じものは、どれかな？
学習目標			国語・言葉が事物の内容（名称）を表していることが分かり、言葉と事物を一致させている 算数・身近にあるものや人の名前を聞いて指さす

教材の写真

①課題写真　　　　②事物の写真

※写真と実物を並べたり、写真の上に置いたりして「同じだね。水筒だね。」と確認する。
・ゆっくりと名称を伝える
・持ってきたものを実際に使う（用途）
　→水筒を持ってきた後実際に水筒で飲む
　→コップを持ってきた後水道で水を入れ飲む
　→カラー帽子を持ってきた後頭にかぶる
・「同じ」サインをする
　→「同じ」という言葉を学ぶ
　　「同じ」のサインを学ぶ

教材の使用方法や指導のポイント

①今から取り組む課題のイラスト
　このイラストを提示しながら今から課題を始めることを伝える。
②学校生活で使用する児童の身の回りの持ち物の写真
　写真1枚を提示しながら「水筒、ちょうだい。」と伝え、水筒を取りに行く活動をする。

【発展】
・教師が写真を2枚提示し「〇〇は、どっち？」と聞き、児童が指差しをするそのあと、実物を取りに行く。
・写真からイラストに替えて取り組む。

教材を使用した学習の様子・ここが有効!

・動きのある活動なので、机上での活動後、気分転換も兼ねて楽しく取り組める。

・学習を積み重ねることで、（写真・イラスト）カードを注視する力や、聞く力が養われた。注目することができるようになった。
・名称を知ることができ、日常生活の中で、指示理解がスムーズになった。言葉掛けで動ける。

教科	国語	段階・STEP	小学部1段階・STEP2
教材を使用した単元（題材）名			よく見て書こう
学習目標	始点と終点を意識して線を書く		

教材の写真

教材の使用方法や指導のポイント

ボール紙にライン状の穴を開け、その穴をガイドにまっすぐな線を書く。終点を意識できるように、段差を付けている。

教材を使用した学習の様子・ここが有効!

・終点まで行くと段差があり、必ず止まる仕組みになっているため、終点が分かりやすい。

教科	国語	段階・STEP	小学部1段階・STEP 2、3
教材を使用した単元（題材）名			どうぶつさん おなまえは?
学習目標	同じイラストの枠に、動物を入れることができる。		

教材の写真

教材の使用方法や指導のポイント

「いぬ」や「らいおん」など発声しながら同じイラストの枠に動物のイラストを入れさせる。文字の理解が難しい子や、少しずつ文字（言葉のかたまり）を意識する子にとってちょうどいい。

教材を使用した学習の様子・ここが有効!

格子状の枠にぴったりはまる大きさ、手のひらサイズにすることで、子どもが扱いやすくなる。

教科	国語	段階・STEP	小学部1段階・STEP 3
教材を使用した単元（題材）名			字の始まりと終わり
学習目標		線の運筆や、線の始点、終点が分かってなぞり書きができる。	

教材の写真

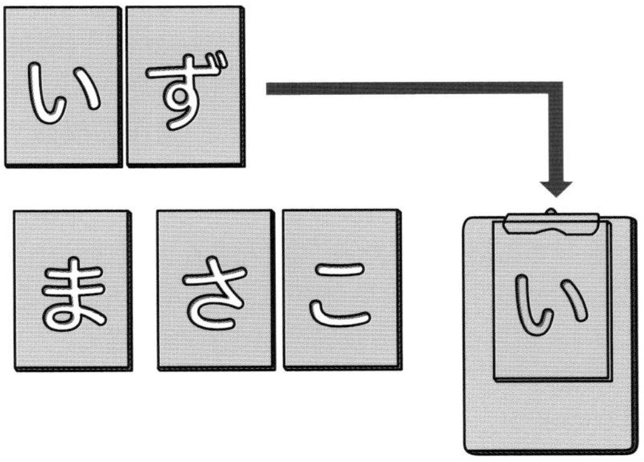

教材の使用方法や指導のポイント

・白紙付きバインダーの上に、各文字をくり抜いたボール板をセットして書く練習。
・書く部分が凹みになっているので、一画ずつ始点と終点を理解することができる。

教材を使用した学習の様子・ここが有効！

・一文字ずつ自分で付け替えることで、書く文字の認識や字への注目度が上がった。
・これまで一筆書きだったが、教材の使用以降、なぞり書きであれば一画ずつ止めて書けるようになった。

教科	国語	段階・STEP	小学部1段階・STEP 3
教材を使用した単元（題材）名			どんな音?まねっこしよう!
学習目標	・動作の模倣や音真似、声真似をすることができる。 ・絵に注目して、教師と一緒に言葉や擬態語などを、声に出すことができる。		

教材の写真

教材の使用方法や指導のポイント

　平仮名と、イラストを貼った八つ切り画用紙を使用する。段毎に画用紙の色を統一する。（5色）

　イラストを見せて、「何をしている絵かな?」と問いかけると、児童が絵を見て、動作の模倣や音真似、声真似をする。

　「こ」の場合、「こんこん、こんこん」と児童がせきをする真似をしたら、「こんこん、せきが出るね。大丈夫?」と言葉をかけ、「こんこんの‘こ’だよ。」と言って、平仮名の『こ』を見せる。

　一文字1回ずつ一行やり、最後に「かきくけこ」というように、平仮名を見せながら一行を読む。

教材を使用した学習の様子・ここが有効!

　イラストや平仮名の大きさがちょうどよく見やすい。

　注目しやすいイラストで、児童がつい真似したくなってしまう。「もう1回!」と、リクエストされることも、しばしばあった。

　関連する言葉を使うことで、コミュニケーションの取り方の練習にもなる。

　楽しく会話して言葉が増え、平仮名への興味につながる。

教科	国語	段階・STEP	小学部1段階・STEP 3
教材を使用した単元（題材）名			言葉をまねしよう
学習目標			生活の中で使う言葉をイラストを見ながら教師の真似をして言うことができる。

教材の写真

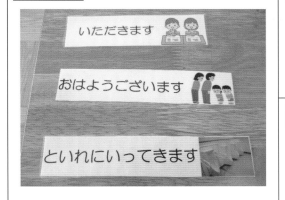

教材の使用方法や指導のポイント

　カードを見せながら教師がそこに書かれた言葉を言い、真似をしながら生活の中で使う言葉の練習をする。

教材を使用した学習の様子・ここが有効!

　真似をしながら徐々に言えるようになり、イラストを見て自分から言うようになった。日常生活でも言えることが増えた。
　カードに書かれた言葉を覚えることで、文字を覚えるきかっけにもなる。

教科	国語	段階・STEP	小学部1段階・STEP 3
教材を使用した単元（題材）名			本を読もう・おはなししよう
学習目標			・教師の読み聞かせを聞いたりイラストを見たりして、その動作と同じ動きをすることができる。 ・教師の問いかけに対し、それに応じて答えることができる。

教材の写真

教材の使用方法や指導のポイント

　教師が一緒に「いないいないばあ」をしたり、登場する動物の名前に注意を向けながらサインやジェスチャーをつけたりして読み聞かせをすることで、児童の理解や表出を促す。

教材を使用した学習の様子・ここが有効!

　繰り返しのフレーズや、同じ動作を行うことで、分かりやすく期待感を引き出しやすい。やりとり遊びや、人形で「いないいないばあ」を行うなどの活動にも発展できる。

『ノンタン いないいなーい』（キヨノサキコ，偕成社）

教科	国語	段階・STEP	小学部1段階・STEP 3
教材を使用した単元（題材）名			まねっこしよう
学習目標		教師の読み聞かせを聞いたりイラストを見たりして、その動作と同じ動きをすることができる。	

教材の写真

教材の使用方法や指導のポイント

　登場人物やその動きに注目できるよう、ペープサートを動かしながら読み聞かせをする。初めは教師と一緒に模倣をしながら、動作とイラスト、言葉をつなげていく。

教材を使用した学習の様子・ここが有効!

　イラストを見て、言葉を聞いてなど、ねらいに応じて使用できる。動作の模倣がでてくるようになったら、2択にして言葉を聞いてその動作のイラストを選ぶ、などの学習にも発展できる。

教科	国語	段階・STEP	小学部 1 段階・STEP 3
教材を使用した単元（題材）名			物の弁別
学習目標		同じ種類ごとに分類し、正しい場所に貼ることができる。	

教材の写真

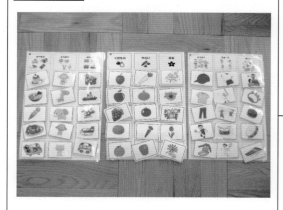

教材の使用方法や指導のポイント

・ランダムに手渡すイラストカードを、最上段の絵を見て、同じ種類の仲間のところに貼る。
＜全 9 種類＞
　最初は2種類から始めてやり方に慣れ、徐々に弁別数を増やしていく。

教材を使用した学習の様子・ここが有効!

・写真より、イラストのほうが見やすく理解ができた。カードを並べたり、貼ったりする活動が単純作業で、繰り返しできる。物の名前を覚える活動にも使用できる。

教科	国語	段階・STEP	小学部1段階・STEP 3 小学部2段階・STEP 1、2
教材を使用した単元（題材）名			言葉（文字）のかたまり
学習目標		同じ文字とイラストや写真を連想し結ぶことができる。	

教材の写真

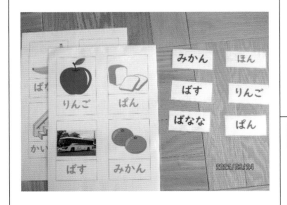

教材の使用方法や指導のポイント

　1シートに4つの単語が記されている。提示するカードも4つずつ提示する。

　教師がシートの写真を指さしすると、児童は単語カード選び、シートの薄文字の上に置き合わせる。

　発声しながら合わせることも良い。

教材を使用した学習の様子・ここが有効!

　写真やイラストが好きな子が好んで見入る。言葉と実際物とのイメージがつながる。

教科	国語	段階・STEP	小学部2段階・STEP 1〜
教材を使用した単元（題材）名			動詞を覚えて文を作ろう
学習目標		イラストを見ながら主語と述語を結びつけることができる。	

教材の写真

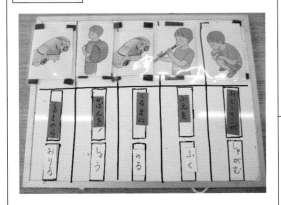

教材の使用方法や指導のポイント

　動詞を覚えた後、この学習に取り組んだ。新しい動詞を覚える学習に有効だった。

教材を使用した学習の様子・ここが有効!

　はじめは助詞を意識できなかったが、繰り返しの学習で助詞に気を付け文を作れるようになった。また、自分から教材を準備して取り組むようになった。

教科	国語	段階・STEP	小学部2段階・STEP 2
教材を使用した単元（題材）名			よんでみよう・かいてみよう
学習目標		国語・イラストを見て2・3文字のひらがなを思い浮かべ、ブロックに書かれた文字を並び替えて単語を作ることができる。	

教材の写真

教材の使用方法や指導のポイント

・ひらがなのブロックを並び替えて、2・3文字の単語を作る。

単語の例→「おんがく」などの教科名、身近でよく見るものなど

教材を使用した学習の様子・ここが有効！

・はじめは、文字のマッチングから取り組んだ。できたら、イラストに書かれたひらがなを隠しておき、イラストを見て文字をイメージできるようにする。
・実態に合わせて文字のマッチング、ブロックの読み、などいろいろな使い方ができる。

教科	国語	段階・STEP	小学部2段階・STEP 2
教材を使用した単元（題材）名			イラスト（事物）と文字カードを一致させる
学習目標		イラストカードに書かれた事物の名前を答え、50音文字カードの中から一文字ずつ選んで、名詞名を完成させることができる。	

教材の写真

教材の使用方法や指導のポイント

・児童の身近にある事物のイラストを使用し、50音表の中から、イラストに描かれた名詞名の平仮名を一文字ずつ貼る。
※文字数分、マジックテープを貼っておくと分かりやすい。

教材を使用した学習の様子・ここが有効！

・名詞名は分かっていて、「くるま」を読むこともできるが、「く」「る」「ま」の文字を一づつ探し、「くるま」と作ることは難しい。全ての平仮名が読める児童でも、文字カードの数を限定しておくと良い。

教科	国語	段階・STEP	小学部2段階・STEP 2
教材を使用した単元（題材）名			文をつくろう
学習目標		イラストを見て3語文を作ることができる。	

教材の写真

教材の使用方法や指導のポイント

　文字カードを外しておき、イラストに合うように並べていく。始めは1枚外しておき、できてきたら外す枚数を増やしていく。

教材を使用した学習の様子・ここが有効!

　生活に関わるイラストを用意し、主語、助詞、目的語、述語の文字カードを並べて文章を作る学習が有効だった。

教科	国語	段階・STEP	小学部2段階・STEP 2
教材を使用した単元（題材）名			ひらがなを書こう
学習目標		1画で書ける平仮名を書くことができる。	

教材の写真

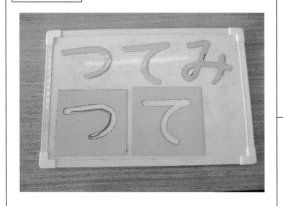

教材の使用方法や指導のポイント

　ホワイトボードに貼ったマグネットの文字部分をマーカーでなぞって練習する。マグネットを外し、書いた文字とくりぬかれた部分の文字マグネットを並べて見比べる。その際、読み方も確認していく。

教材を使用した学習の様子・ここが有効!

　児童に親しみのある文字を使用することで、1画に限らず練習することができた。継続して行っていくことで、練習してきた平仮名が読めるようになった。文字を並べることで、自分の名前などの練習も可能。

教科	国語	段階・STEP	小学部2段階・STEP 2
教材を使用した単元（題材）名		だるまさんなにしてる?	
学習目標	言葉の表す意味と行動を結び付ける。		

教材の写真

教材の使用方法や指導のポイント

①オリジナルの『だるまさん』の本の読み聞か
　せを聞く
②『だるまさん』の真似をする
③イラストを見て合う動詞を選び、□に貼る

教材を使用した学習の様子・ここが有効!

　『だるまさん』のシリーズ絵本の読み聞かせが
大好きで、真似をしていたため、覚えたい動作語
を絵本にしたことが有効だった。
　また、実際に動いてみることで理解の深まりに
つながった。

『だるまさん』シリーズ（かくいひろし，ブロンズ新社）

教科	国語	段階・STEP	小学部2段階・STEP 2
教材を使用した単元（題材）名		なにしてる?	
学習目標	言葉の表す意味と行動を結び付ける。		

教材の写真

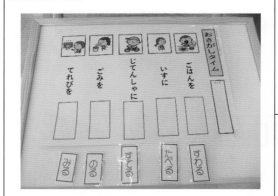

教材の使用方法や指導のポイント

①イラストを見て合う動詞を選び、[　　　]に貼る
②イラストを見ながら文を読む
③行動化できる文はやってみる

教材を使用した学習の様子・ここが有効!

　選択肢を変えながら繰り返し学習することが有
効だった。また、実際に動いてみることで理解の
深まりにつながった。

教科	国語	段階・STEP	小学部2段階・STEP2、3
教材を使用した単元（題材）名			平仮名を探そう
学習目標			身近な物のイラストや友達の顔写真を見て、平仮名ボードから一文字ずつ選んで名前を作る。

教材の写真

教材の使用方法や指導のポイント

・初めは一文字ずつのマッチングから始め、徐々に見本の文字を減らしていった。

教材を使用した学習の様子・ここが有効!

・イラストや友達の写真を見て、名前の文字をボードから選ぶことができた。
・ボードの文字の下にも、文字を書いておいたことで、自分で使ったものを戻すことができた。
・『は』と『ば』や、『きよ』と『きょ』などの違いが分かった。

教科	国語	段階・STEP	小学部2段階・STEP 2、3
教材を使用した単元（題材）名			何をしているでしょう?
学習目標			写真を見て、何をしているか答えることができる。

教材の写真

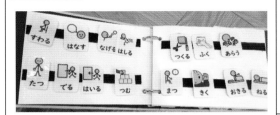

教材の使用方法や指導のポイント

・動きを表す言葉を増やせるよう、イラストと動作語を書いた「ことばカード」を作成した。
・写真と見比べながら、ことばカードを選択できるようにした。

教材を使用した学習の様子・ここが有効!

・動作を表す言葉を増やせるよう、同じイラストでも違う言葉を付け、表現が広げられるようにした。1枚の写真で「この言葉もそうだね!」と複数選べることができた。

教科	国語	段階・STEP	小学部2段階・STEP 2、3
教材を使用した単元（題材）名			質問に答えて、クイズを作ろう
学習目標		物や人の特徴（色、形、行っている動作等）に関する質問に答えたり、友達に伝えたりすることができる。	

教材の写真

教材の使用方法や指導のポイント

・物の色や形等を選択して伝えられるよう、色や形の名称をカードにした。（写真上）
・説明したい物の写真やイラストとカードがあることで、どの言葉が当てはまるか比較しながら考えることができる。

教材を使用した学習の様子・ここが有効!

・教師が「〇〇の色は?形は?」等、質問をすることで「クリームは黄色、カップの色は赤。」等、自分で説明できるための言葉に繋がった。

教科	国語	段階・STEP	小学部 2 段階・STEP 2、3
教材を使用した単元（題材）名			おはなしをつくろう
学習目標		意味が通るように、絵カードを並べることができる。	

教材の写真

例）
場面①雪が降っている町の様子（右写真）
場面②雪だるまが完成している様子
場面③太陽がでて、雪だるまがとける様子
場面④溶けた雪だるまと女の子が泣いている様子

教材の使用方法や指導のポイント

①一枚ずつ、絵カードの意味やどのような場面かたずね、教師と一緒に確認する。
②次に、意味が通るように並べ替える。
③その後、完成したお話を教師に伝える。
④教師とつくったお話の内容を確認する。

教材を使用した学習の様子・ここが有効!

・物語の大体を捉える、順序を考えることをねらいに取り組んだが、それよりも「話す」場面が大事だと感じた。

⬇

・話す力、相手に伝えようとする力が伸びた。
・伝わったこと、共有できたことが嬉しくて、意欲的に取り組む姿がみられた。この教材をツールとして話す楽しさを経験し、積み重ねることができた。

教科	国語	段階・STEP	小学部2段階・STEP 3
教材を使用した単元（題材）名			名前の平仮名
学習目標			身近なもののイラストを見て、平仮名カードを選ぶことができる。

教材の写真

教材の使用方法や指導のポイント

・平仮名で単語の書かれたネタのカードを、該当するイラストのシャリに乗せ、お寿司を完成させる。
・初めのうちはイラストの下に文字を書いておき、マッチングができるようになったら文字を隠す。

教材を使用した学習の様子・ここが有効!

・答えに迷ったときには、隠されたところをめくれるようにして学習に取り組んだ。
・お寿司屋さんになりきって楽しく学習をすることができた。

教科	国語	段階・STEP	小学部2段階・STEP 3
教材を使用した単元（題材）名			絵と文字（名詞）を合わせよう
学習目標			イラストを見て、その名称を表す文字カードを対応させることができる。

教材の写真

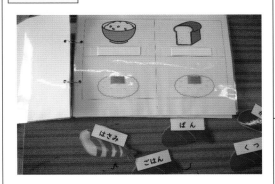

教材の使用方法や指導のポイント

　身近な言葉を取り上げ、文字とイラストを対応できるようにする。
　一度に提示するイラストを2種類に制限し、ページをめくって自分で課題を進められるようにする。

教材を使用した学習の様子・ここが有効!

　イラストと文字を見比べながら、対応できる言葉を増やすことができた。

教科	国語	段階・STEP	小学部2段階・STEP 3
教材を使用した単元（題材）名			ことばをつくろう
学習目標		平仮名を読む。いろいろなものの名前を覚える。	

教材の写真

教材の使用方法や指導のポイント

・絵カードを見て、その物や食べ物、自分の名前等の名前を平仮名ブロックやスタンプで作る。
・並べ終わったら平仮名を読んでものの名前を確認する。
・絵カードと平仮名カードを合わせて読む。
・平仮名を読んでイラストを確認することで、ものの名前を覚える。
・プリントに書かれた平仮名を読み、その上に合うもののイラストを置く。
（だ等濁音、きゃ等促音）

教材を使用した学習の様子・ここが有効!

　平仮名が読めるようになり、知らないものでも名前（名詞、動詞）を読んで覚えることができるようになった。
　言葉が増え自信をもって取り組んだり、自分でじっくり考えて答えを導いたりすることが増えた。

教科	国語	段階・STEP	小学部2段階・STEP 3
教材を使用した単元（題材）名			絵と文字（動詞）を合わせよう
学習目標		イラストを見て、その名称を表す文字カードを対応させることができる。	

教材の写真

教材の使用方法や指導のポイント

　身近な言葉を取り上げ、文字とイラストを対応できるようにする。

教材を使用した学習の様子・ここが有効!

　教材を使用した学習の様子・ここが有効!
　イラストと文字を見比べながら、対応できる言葉を増やすことができた。

教科	国語	段階・STEP	小学部2段階・STEP 3
教材を使用した単元（題材）名			文字をおぼえよう
学習目標		絵カードを見て文字カードと一致させることができる。	

教材の写真

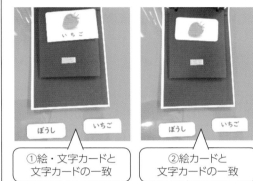

①絵・文字カードと
文字カードの一致

②絵カードと
文字カードの一致

絵・文字カード
で確認する

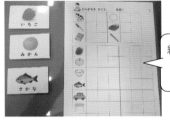

絵・文字カード
を選んで視写
をする

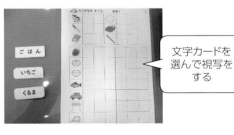

文字カードを
選んで視写を
する

教材の使用方法や指導のポイント

・絵・文字カードと文字カードの一致ができるよう
　になったら、絵カードと文字カードを一致させる。
・絵・文字カードで答えが合っているか確認する。
　一文字ずつ指さしながら声に出して読んで確認
　した。
・視写ができる生徒に対しては、文字カード、絵カー
　ドを使って書くことにも応用することができる。
　書けたら絵・文字カードを使って合っているかを
　確認。この時に声に出して読みながら確認させ
　るとよい。

教材を使用した学習の様子・ここが有効!

・一文字ずつ声に出して読んで文字を確認するこ
　とで音声でも覚えられるようにした。
・書くときにも、ただ視写をするのではなく、ど
　の単語（文字）だったか考えて取り組めた。

教科	国語	段階・STEP	小学部2段階・STEP 3
教材を使用した単元（題材）名			話を聞いて並べよう
学習目標		教師の話を聞いて、時系列順にイラストを並べることができる。	

教材の写真

教材の使用方法や指導のポイント

・ゆっくりと話をする。
・毎回同じではなく、同じ絵でも話を変えてみる。
・慣れてきたら枚数を増やす。

教材を使用した学習の様子・ここが有効!

・好きなキャラクターを登場人物にしたため、意欲的に学習に取り組めた。
・並べる枠を用意したことで、話を聞いて並べるということが分かりやすかった。

教科	国語	段階・STEP	小学部 2 段階・STEP 3
教材を使用した単元（題材）名			感じ取ったことを言葉にしよう
学習目標		写真から読み取れることを確認し、写真の場面に合った一言を考える。	

教材の写真

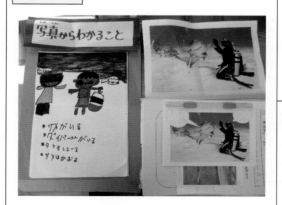

教材の使用方法や指導のポイント

　インターネット等から見つけてきた面白い写真を使って、写真から読み取れる場面等の状況を学習集団全員で共有したのちに、写真の場面に合った一言や、登場人物が言った、考えたであろうセリフ等を想像して吹き出しに書きこむ。

教材を使用した学習の様子・ここが有効!

　「IPPON グランプリ」というお笑い番組のお題の一つからヒントを得て行った。クスリと笑えるようなセリフが出てくればいいと考えて行ったが、この段階の生徒には難しかったように思う。しかし、場面に合ったセリフを考える、状況を読み取るという学習としては有効だった。

教科	国語	段階・STEP	小学部 3 段階・STEP 1
教材を使用した単元（題材）名			ただしくよめるかな・かけるかな
学習目標		読んでみよう・書いてみよう	

教材の写真

教材の使用方法や指導のポイント

・具体物を操作しながら、並べられた平仮名を読んだり、教師の言った言葉を自分で並べたりして平仮名の学習を行う。足りない文字は自分で書き入れることができる。
・カタカナ ver. もあるので、具体物を操作しながら平仮名をカタカナへ変換したり、その逆を行ったりといったことも可能。

教材を使用した学習の様子・ここが有効!

・プリント教材やイラストカード等を用意しておくことで、一人で学習を進めることができた。
・イラストから名称を書き起こすプリントでは、50 音表のように活用し、分からない文字を確認するのに使用していた。

教科	国語	段階・STEP	小学部3段階・STEP 1
教材を使用した単元（題材）名			ものの名前を文字で表そう
学習目標		イラストを見て、その名称を表す文字を並べ、言葉を構成する。	

教材の写真

教材の使用方法や指導のポイント

　実態によって、選択肢となるひらがなカードの数を調整した。
　身近で興味のあるイラストを使用するとよい。

教材を使用した学習の様子・ここが有効!

　文字を組み合わせることで事物を表すことができるということを理解させることができた。
　慣れてきたら、文字数の多い言葉にも取り組ませるとよい。

教科	国語	段階・STEP	小学部3段階・STEP 1
教材を使用した単元（題材）名		だれが　なにを　どうしている	
学習目標	絵を見て「〇〇が△△を□□している。」を答えることができる。		

教材の写真

教材の使用方法や指導のポイント

　絵を見て、カードを操作しながら、「〇〇が△△を□□している。」という文を作る。

　文章を作ることに慣れてきたら、友達が何をしているのか、クイズ形式で出すと楽しみながら学習できる。

教材を使用した学習の様子・ここが有効!

　単語と助詞を離してカードを作ることで、助詞を意識することに繋がった。

　動作後のカードを複数用意することで、日常生活でも使う場面が見られた。

教科	国語	段階・STEP	小学部3段階・STEP 1
教材を使用した単元（題材）名			誰が、何をしている？
学習目標			動詞や形容詞を含む文を聞いて、誰が何をしているのか物の様子を理解することができる。

教材の写真

教材の使用方法や指導のポイント

・教師の話を聞き、誰が、何をしているのかの写真からイラストを選び、枠に貼る。
・文字が読める生徒は、写真やイラストに合わせた文字を貼る。
・文字を並べられたら、声に出して読む。

教材を使用した学習の様子・ここが有効！

・教材を使って、誰が何をしているのかを3語文で伝えることができた。
・助詞を使うことで、会話の中に助詞を使う子がでてきた。
・学校生活の中で、相手に自分の言葉で伝えたいことを伝えようとすることにつながった。
・生徒が興味を持てるように、学校内の活動を題材にした。

題材とした学校内の活動の例

教科	国語	段階・STEP	小学部 3 段階・STEP 1〜
教材を使用した単元（題材）名			○○○○○○新聞を作ろう
学習目標	経験したことを、言葉や文章、写真や絵などを使って記事にする。		

教材の写真

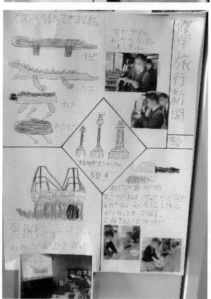

教材の使用方法や指導のポイント

・大きな行事を取り扱うと書きやすい
・≪作業行程≫
　記事にすることを決める／記事（下書き）／タイトルをつける／全体のレイアウトを考える／写真や絵を有効に使う／クイズや編集後記などを織り込む
・行事の写真、レイアウト済みの紙、記事の下書き用紙などを必要に応じて用意する。
・各作業行程で、生徒との対話によって、生徒自身の思いを引き出し、言葉や文章にする。

教材を使用した学習の様子・ここが有効!

・文章を構成できなくても、写真や絵と吹き出し（単語）などでも表現できる。
・伝えたいことを的確に表した構成、時系列を追った文章や接続語等の学習が可能。
・端的に表したタイトルや読み手を引き付けるキャッチコピー、関連クイズなど、伝えるための工夫ができる
・繰り返し取り組んだり、友達と見せ合ったりするとスキルが向上し、工夫も広がる。
〇何よりも、経験したことを振り返り、その子なりの表現で作成できるのが魅力。読む人を意識して書けるとさらに良い。
・市販されている子ども新聞を読むという活動にもつなげられる。

教科	国語	段階・STEP	中学部 1 段階
教材を使用した単元（題材）名			思い出を短歌にしよう
学習目標	高2の思い出（写真）を短い言葉で、決まりにのっとってまとめる。		

教材の写真

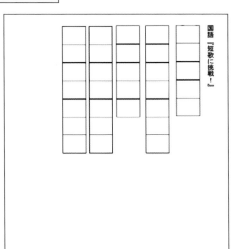

国語『短歌に挑戦！』

秋の日に　2組で集う
海と風　笑顔で行ける
沼津の海に

教材の使用方法や指導のポイント

　俵万智の代表的な短歌を紹介し、情景を浮かべられるようになったところで、自分の思い出の写真を複数枚提示し、短歌を作った。

教材を使用した学習の様子・ここが有効!

　画像を貼り付けたり、掲示したりするために、仕上げをパソコン入力にしたところが有効だった。

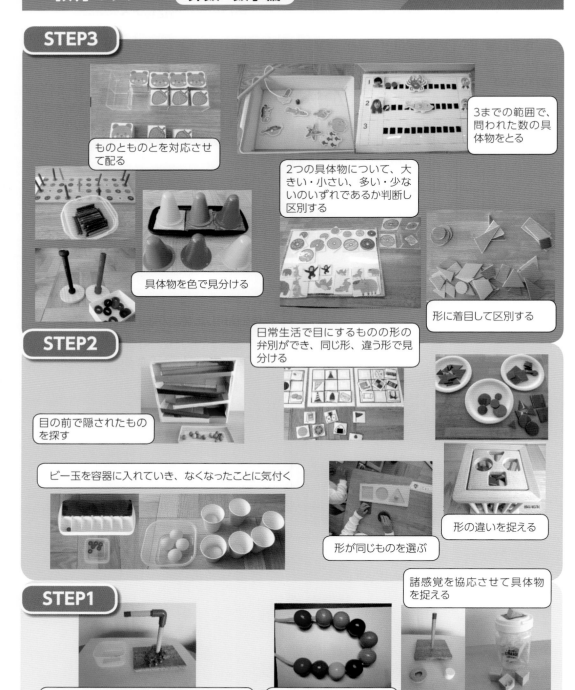

STEP3

ものとものとを対応させて配る

3までの範囲で、問われた数の具体物をとる

2つの具体物について、大きい・小さい、多い・少ないのいずれであるか判断し区別する

具体物を色で見分ける

形に着目して区別する

STEP2

日常生活で目にするものの形の弁別ができ、同じ形、違う形で見分ける

目の前で隠されたものを探す

ビー玉を容器に入れていき、なくなったことに気付く

形の違いを捉える

形が同じものを選ぶ

諸感覚を協応させて具体物を捉える

STEP1

視覚や触覚等を協応させて対象を捉える

対象に注意を向け、注目する

具体物をつかもうとする

※ここで紹介している各教材は、系統立ててマッピングを行っていますが、STEPを跨いで幅広く使用できるものもあります。例えば、STEP 1にマッピングされている教材が、STEP 2および3として扱えることもありますので、お子さんの学習状況、目標に合わせてご活用ください。

教材マップ　算数・数学編　小学部2段階

STEP3

数の系列が分かり、順序や位置を表すのに数を用いる

一つの数がもう一つの数よりどれだけ大きいか、また小さいかが分かる

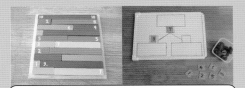

一つの数を二つの数に分けたり、二つの数を一つにまとめたりする

※ P88（第4章）に掲載しています

色や大きさ、材質の異なるものであっても、形のみに着目して「丸の仲間」「三角の仲間」「四角の仲間」で分類をしたり、集めたりする

STEP2

2つの数を比べて数の大小が分かる

数詞とものとを対応させて、正しく個数を数える

身の回りにあるものの形に関心をもち、丸や三角、四角という名称を知る

STEP1

数えるものを移動させたり、指差ししたりしながら個数を数える

ものとものとを対応させることで、ものの個数を比べ、同等、多少が分かる

STEP3

表した表から数が最も多いところや少ないところなどの特徴を読み取る

時刻の読み方を日常生活に生かし、時刻と生活とを結び付ける

時刻を読む際、「時」は短針が入る扇型の領域で決まり、「分」は長針が指す目盛りで決まることが分かる

STEP2

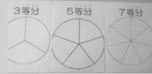

1位数と1位数の加法計算ができる

正時を表すアナログ時計の短針、長針の位置を読み取る

※ P90（第4章）に掲載しています

2等分、4等分したり、一つを等分したりする

前後、左右、上下など方向や位置に関する言葉を用いて、ものの位置を表す

STEP1

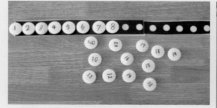

20までのものの個数を数える

20までの数を数唱する

具体物を操作しながら「残りはいくつ」、「違いはいくつ」が分かる

ラーニングマップ対応教材集

教科	算数	段階・STEP	小学部 1 段階・STEP1
教材を使用した単元（題材）名			よく見て終わりまで動かそう
学習目標		玉に注目し、上下、左右の一方向に、玉を一つずつ終わりまで動かすことができる。	

教材の写真

教材の使用方法や指導のポイント

　教師が両端を持ち、動かす玉に注目させる。
　上→下の動き、ひもを短くすることから始めると分かりやすい。やり方が分かってきたら、下→上、左⇔右もチャレンジする。

教材を使用した学習の様子・ここが有効！

・物に注目できる。
・始点→終点の理解につながる。
・動かす方向を予測することができる。
・教師の働きかけに応じたり、子どもの動きに「シュー。」と言葉をのせたりすることで、相手を意識することにつながる。

教科	算数	段階・STEP	小学部 1 段階・STEP1
教材を使用した単元（題材）名			ゴールはどこかな
学習目標		終点が分かり、具体物を見ながら終点まで動かして抜くことができる。	

教材の写真

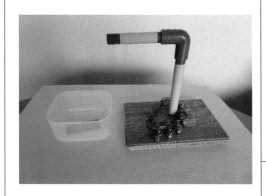

教材の使用方法や指導のポイント

・輪を棒にセットし、棒から輪を取り出させる。
・初めは短い棒で 1 方向から始める。輪は抜きやすい鈴を使う。
・やり方が分かったら、2 方向、反対向きなど、複雑にしていく。
・抜いた輪は、"終わり箱"に入れる。
・「ここだよ。」と終点をはじめに示す。
・輪をセットする時に、ゆっくり動かして落としていくと、注目できる。

教材を使用した学習の様子・ここが有効！

・達成度によって、いろいろな段階を作っていける。
・抜いた輪を入れる"終わり箱"を用意することで、終点がより意識できる。

教科	算数	段階・STEP	小学部1段階・STEP 1～3
教材を使用した単元（題材）名			わけわけタイム！　①リングとボールを分けよう ②同じ色で集めよう
学習目標			①リングとボールの違いが分かって操作する ②同じ色が分かって操作する

教材の写真

A

B

教材の使用方法や指導のポイント

①棒と筒を1本ずつ提示し、リングやボールを児童に1つずつ渡して注目を促し、見分けることができるようにする。
②同じ操作で異なる色にすることで、視覚的に色だけで見分ける力が必要。

教材を使用した学習の様子・ここが有効！

　筒にボールも入るようにしたので、ただ入れてOKではなく、ボールとリングを見分けて操作ができるようになった。
　操作の仕方を学習してから、色の学習にもつなぐことができる。

教科	算数	段階・STEP	小学部 1 段階・STEP 2
教材を使用した単元（題材）名			「ある」と「ない」を見分けよう（1）
学習目標			「ある」「ない」を見分け、ない所を探し、具体物を1つずつ入れることができる。

教材の写真

教材の使用方法や指導のポイント

　容器の空いたスペースにビーズやピンポン玉などのものを入れることで、ものの「ある」「ない」に気付き、1つしか入らない所に1つずつ入れる学習の次のステップとして、1つ以上入る物でも1つずつ入れることのルール（1 対 1 対応の意味）の理解を促す。

教材を使用した学習の様子・ここが有効！

　容器を注視し、ものが入っていないところに入れる。入れる容器やものの種類を変えることで、レパートリーを広げ、理解を促す。

教科	算数	段階・STEP	小学部 1 段階・STEP 2
教材を使用した単元（題材）名			「ある」と「ない」を見分けよう（2）
学習目標			「ある」「ない」に気付き、ないところを探して、具体物を入れることができる。

教材の写真

教材の使用方法や指導のポイント

　容器にひとつものを入れることで、「ある」と「ない」を見分ける。また操作を通して1対1の対応関係を学ぶ。
　「ない」ところに気付かない時は、左右（上下）に探すよう指差ししたり、タワーを回したりして注意を促す。

教材を使用した学習の様子・ここが有効!

　容器を注視し、ものが入っていないところに入れる。入れる容器やものの種類を変えることで、レパートリーを広げ、理解を促す。
・物への注視を促す
・「できた」「おわり」が分かりやすい

教科	算数	段階・STEP	小学部1段階・STEP2
教材を使用した単元（題材）名			ひもとおしチャレンジ!
学習目標			①つまんでよく見て紐を通すことができる。 ②写真（指示書）の順番通り、紐を通すことができる。

教材の写真

教材の使用方法や指導のポイント

　チップやボビンは数を限って、写真にある数だけ提示する。
　上手につまむことができない子は、教師がチップやボビンを持って、本人が紐を通すところから始めても良い。

教材を使用した学習の様子・ここが有効!

　手元・指先に集中して取り組める。指示書を介して、よく見て活動することで、視覚認知や空間認知を養う。

教科	算数	段階・STEP	小学部 1 段階・STEP2
教材を使用した単元（題材）名			①どっちに　いれる？　②どっちを　いれる？
学習目標			①具体物の形を見分けて、リングは棒にさす、キャップは穴に入れることができる。 ②提示された箱（または棒）を見て、リングとキャップのどちらかを選ぶことができる。

教材の写真

①

②

教材の使用方法や指導のポイント

①穴が開いた箱と立て棒を並べ、キャップ（リング）を、対応する物に入れる（さす）。

*弁別（分類状況）

②提示した箱（立て棒）に入れる（さす）物を、キャップとリングから選ぶ。 *弁別（選択状況）

難易度は高い。初めに 1 種類ずつ繰り返し入れてから課題に移ると、選択できることもあった。

教材を使用した学習の様子・ここが有効!

・"触って分かる" 段階の児童の弁別に有効。
・正誤が自分で分かりやすい。
・対応しない時に、もう一つを選び直す、"見比べる" という活動も狙える。

教科	算数	段階・STEP	小学部1段階・STEP 2〜3
教材を使用した単元（題材）名			かたちをよく見て入れよう
学習目標			形を見極めて、穴にブロックを入れることができる。 色ごと仕分けることができる。

教材の写真

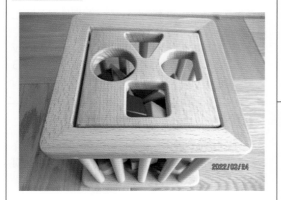

2022/03/24

教材の使用方法や指導のポイント

最初は教師が手本を見せる。
立体物の面が穴に合わさることを確認する。
初めは教師が手渡しでブロックを渡す。

教材を使用した学習の様子・ここが有効!

かちっとブロックがはまること、落とし入れたあと音が鳴ることなど、感覚的なことを好む子に有効。

教科	算数	段階・STEP	小学部1段階・STEP 2〜3

教材を使用した単元（題材）名	3までの数を数えよう

学習目標	1から3までの数を正しく数えることができる。

教材の写真

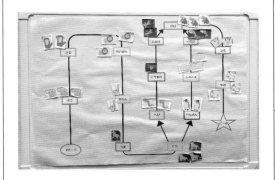

教材の使用方法や指導のポイント

　1から3までの目が書かれたサイコロを使い、出た目の数だけ進んだり、マスにいる動物の数を数えたりする。

教材を使用した学習の様子・ここが有効!

　数唱をしたり、物を介しながら数を数えたり、一つの教材で様々な数の学習を行うことができる。

教科	算数	段階・STEP	小学部1段階・STEP 3

教材を使用した単元（題材）名	わけわけタイム〜同じ色で分けよう〜

学習目標	コーンを色で見分けることができる。

教材の写真

教材の使用方法や指導のポイント

　最初は、「パカっ」という音声と一緒にコーンを重ねる操作の学習をする。
　台座のコーンは取り外しができ、1色〜3色まで学習ができる。

教材を使用した学習の様子・ここが有効!

　コーンが手の平サイズのため扱いやすい。
　3色の学習にしたときに、難易度が上がり、見分けることに時間がかかっていた。

教科	算数	段階・STEP	小学部1段階・STEP 3
教材を使用した単元（題材）名			色を見てペグをさそう
学習目標		色に注目してペグを穴にさすことができる。	

教材の写真

教材の使用方法や指導のポイント

　赤、青、黄の色がついたペグを同じ色がついた穴にさす。

　色と色のマッチング、小さい穴に注目して入れる等、指先の細かい動きなどいろいろな狙いがある。

教材を使用した学習の様子・ここが有効!

　色に注目して、穴を探す姿が見られた。穴の数が多すぎることがなく、集中を維持しながら学習に取り組むことができた。

教科	算数	段階・STEP	小学部1段階・STEP3
教材を使用した単元（題材）名			よくみよう!
学習目標		色に注目してペグを穴にさすことができる。	

教材の写真

教材の使用方法や指導のポイント

　6色の色がついたペグを同じ色がついた穴にさす。

　色と色のマッチングや小さい穴に注目して入れることの細かい活動を狙う。

ペグを分別して、1色ずつペグ差しを行っていく。

教材を使用した学習の様子・ここが有効!

　色をよく見て、穴を探す姿が見られた。最初は、差す穴を少なくして自信をつけ、少しずつ穴の数を増やしていくことで、集中を維持しながら学習に取り組むことができた。

教科	算数	段階・STEP	小学部 1 段階・STEP3
教材を使用した単元（題材）名			形ごとに分けよう
学習目標		○△□の形に注目して分類することができる。	

教材の写真

教材の使用方法や指導のポイント

　大きさの違う図形の形を見て、形ごとに分類をする。
　大きさは違っても同じ形が分かるかがポイント！

教材を使用した学習の様子・ここが有効！

　児童によって、図形を重ねながら分類をしたり、並べて分類をしたり様々だった。
　図形を分類した後に、「まる」「さんかく」「しかく」と名前を確認することも重要。

教科	算数	段階・STEP	小学部1段階・STEP 3
教材を使用した単元（題材）名			おなじはど〜れ？
学習目標		同じ形を分けていくことができる。	

教材の写真

教材の使用方法や指導のポイント

・具体物を操作しながら、同じ形の物を弁別して、集める。
・形の大きさが違っても、弁別することができるかポイント！

教材を使用した学習の様子・ここが有効！

・最初は、形の違う「○」と「□」の2種類から行うことで、やり方が分かり自信につながった。
・他の児童と同じ活動をすることで、ゲーム感覚で取り組むことができた。

教科	算数	段階・STEP	小学部1段階・STEP 3
教材を使用した単元（題材）名			形をよく見て取り組もう
学習目標		同じ形を見分けて、型はめをすることができる。	

教材の写真

教材の使用方法や指導のポイント

・具体物を操作しながら、同じ形の物を弁別して、型はめをする。

教材を使用した学習の様子・ここが有効!

　型はめができることだけでなく、形に着目をして操作的な活動（はめる・分けるなど）ができるようにする。

教科	算数	段階・STEP	小学部1段階・STEP3
教材を使用した単元（題材）名			大きい（小さい）のはどっち？
学習目標		2枚のイラストカードを見比べて、大きい（小さい）方を指差ししたり、選んだりすることができる。	

教材の写真

教材の使用方法や指導のポイント

・大小のカードを提示し、「大きい（小さい）方はどっち?」と言葉かけをして選ぶようにした。
・児童が選んだ後、選んだカードを大きい（小さい）方の箱に入れるように促した。

教材を使用した学習の様子・ここが有効!

・箱に入れたことで、ひとつひとつのカードを確かめながら選ぶことができた。
・児童が食べ物が好きであること、生活単元学習で動物の学習をしたことで、やる気 UP につながった。

教科	算数	段階・STEP	小学部1段階・STEP 3
教材を使用した単元（題材）名			くまさんにいちごをあげよう
学習目標		くまのイラストと同じ数のいちごの模型を入れて正しく数を数えることができる。	

教材の写真

教材の使用方法や指導のポイント

・くまのイラストと同じ数のいちごをます目に入れる。
・入れた後、いちごの数を数える。

教材を使用した学習の様子・ここが有効!

・操作しながら数を数えるようにしたことで、興味をもって活動することができた。

教科	算数	段階・STEP	小学部1段階・STEP 3
教材を使用した単元（題材）名			さかなつりゲーム
学習目標		数詞とものを対応させて、正しく個数を数えることができる	

教材の写真

海を見立てた釣り場

ポイントシート

教材の使用方法や指導のポイント

・魚を釣り、裏に置いてある数字と同じ数のドットを数えて貼っていく。
・最後にドットの数を数えたり、視覚的に比べたりして勝敗を決める。

教材を使用した学習の様子・ここが有効!

・友達と順番に釣ることで、ポイントシートのドットの数が変化していき最後まで勝敗が予想できない面白さを体験しながら学習が進んだ。
・小学部の2段階、3段階の児童生徒は、数量の多少を比較することを目標に教材を使用することができるため、学習状況の異なる集団で活用することができた。

教科	算数	段階・STEP	小学部1段階・STEP 3
教材を使用した単元（題材）名			入るかな？
学習目標			・有無、大小、多少等の用語に注目して表現することができる。 ・形に着目して区別することができる。

教材の写真

教材の使用方法や指導のポイント

　袋から具体物を1つずつ出して、容器に入れていくと、袋の中が空になってなくなったことに気づく。具体物（檜の木片や竹ひご、ペットボトルの蓋、ビー玉など）を5個ずつにしておき、教師が数え、児童が1つずつ容器に入れる。穴の形状を変えて、具体物が入るか確かめる。

教材を使用した学習の様子・ここが有効!

　児童が興味関心を持ちやすい具体物を選ぶと、意欲的に取り組むことができる。

　檜の木片は良い香りがして、離席をしなくなり、落ち着いた。容器に入れる以外にも、並べて多少を比較したり、バランスを取って積み上げたりすることにも使用することができた。

　容器の穴の大きさは、小さくすると、入れるのが難しいが、視点が集中し、容器にストンと落ちる音が面白い様子だった。

　容器の穴の大きさを具体物と同じ大きさにすると、指先で押す力を付ける練習にもなる。

　容器の穴の形を変えて、具体物が穴の形に合うかどうかを確かめながら、「（具体物が）大きくて入らない」、「（穴が）小さくて入らない」と表現する。

　袋の中の具体物の数を変えて、多少を比べたり、同じ形の具体物でも大きさの違いで容器に入ったり、入らなかったりすることに気付く。具体物を5つずつにすることで、5までの数唱と1対1対応の考え方につなげていく。

教科	算数	段階・STEP	小学部2段階・STEP 1
教材を使用した単元（題材）名			わけわけタイム　○△□
学習目標		身の回りにあるものを形で分ける。	

教材の写真

教材の使用方法や指導のポイント

・食べ物など身の回りにあるものが描かれたそれぞれのカードを同じ形で○△□の3種類に分類する。
・同じ種類の食べ物でも、形が異なるものがあることを理解しながら学習をする。
・最初は2種類の分類から取り組む。

教材を使用した学習の様子・ここが有効!

・カードは全て同じ大きさのため、視覚のみで見分ける難しさがある。
・同じ種類の食べ物でも、形が異なる物があることに気付き、形を通して身の回りの物の不思議さに気が付く姿があった。
・大まかな形のものを捉える学習に有効。

教科	算数	段階・STEP	小学部2段階・STEP 1
教材を使用した単元（題材）名			積み木を数えて並べよう
学習目標		数えながら、積み木を数分並べることができる。	

教材の写真

教材の使用方法や指導のポイント

※使用する際は、ミニホワイトボードに一つの数字を置き、取り組んだ。
①取り組む数を確認する。
②棒数字の下に、1個分の長さの積み木を並べ、同じ長さになるようにする。
★はじめは、児童の並べる動作に合わせて、教師が数える。
★続いて、教師の声に合わせて、児童が並べる。徐々に、教師の声をフェードアウトしていく。

教材を使用した学習の様子・ここが有効!

・数え方が定着してきた。数字の読みと操作が合うようになってきた。
・棒数字で表すことで、数の違いや量を視覚的にとらえやすくなり、成果が得られた。

教科	算数	段階・STEP	小学部2段階・STEP 2
教材を使用した単元（題材）名			注文のピザをつくろう
学習目標		数詞とものを対応させて、正しく個数を数えることができる。	

教材の写真

教材の使用方法や指導のポイント

・カードからトッピングの数を読み取って、注文通りのトッピングピザをつくる。
・できあがったら、教師と一緒にトッピングを指差しで数えて数の間違いに気付くことができる工夫をした。

教材を使用した学習の様子・ここが有効！

・ピザ生地にトッピングするという必然性や、友達など身近な人からの注文の設定することで、目的が明確になり意欲が高まった。

教科	算数	段階・STEP	小学部2段階・STEP 2
教材を使用した単元（題材）名			いくつかな
学習目標		数字カードを見て、その数分だけカップを押すことができる。	

教材の写真

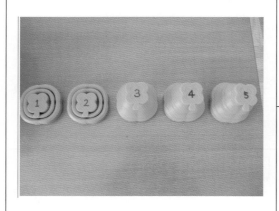

教材の使用方法や指導のポイント

・シリコンカップを裏にして底面に数字を書き込んだものを使用。
・数字カードを見て、その数分だけ1から順にカップを手で潰す。
・初めのうちは、数字の分だけカップを置き、徐々に数字以上のカップを並べる。

教材を使用した学習の様子・ここが有効！

・カップがベコベコと潰れる感覚が楽しい。
・物を並べるだけでなく、手で潰していくことでも数量を学べる。

教科	算数	段階・STEP	小学部2段階・STEP 2
教材を使用した単元（題材）名			かぞえていれよう
学習目標		数詞と色とものとを対応させて正しく個数を数える	

教材の写真

教材の使用方法や指導のポイント

　ケースに貼られたシールの「色　個数」に合わせて、おはじきや木製ビーズ、スポンジを入れる。

教材を使用した学習の様子・ここが有効!

　時々シールを張り替えたり個数を変えたりすることで、飽きずに取り組むことができた。いろいろな形、素材のものを箸でつまんで入れることで、箸の使い方の上達にもつながった。

教科	算数	段階・STEP	小学部2段階・STEP 2
教材を使用した単元（題材）名			5までをかぞえよう・つたえよう
学習目標		5までの数列、□形、具体物を対応することができる。	

教材の写真

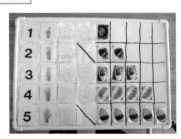

教材の使用方法や指導のポイント

・数列、指文字、□形、具体物並べの順番に
　取り組む。
・数字の頭の音を教師と一緒に出す。
・指文字と発音を同時に行う。
・イラストと同じ□形を模倣し、発音する。
・食べ物に興味があるため、数字に対応した数の
　食べ物をシートを貼付する。

教材を使用した学習の様子・ここが有効!

・数字や指文字、□形、具体物が相互に関連し、
　一致できるようになった。
・学習の成果として、クラスの予定表の時間割に
　生徒の写真（指文字と□形で数字を表したもの）
　を掲示した。
・数字の暗唱はできるが表現できない、指文字は
　できるが、具体物と対応できない、などの課題
　に対して有効だと考える。

教科	算数	段階・STEP	小学部 2 〜 3 段階・STEP 2〜3
教材を使用した単元（題材）名			何匹釣れたかな？　どっちが勝ったかな？ 違いはいくつかな？
学習目標			釣れた魚の数を数字カードで示すことができる。勝敗を正しく判断することができる。結果を見て、違いはいくつか答えることができる。

教材の写真

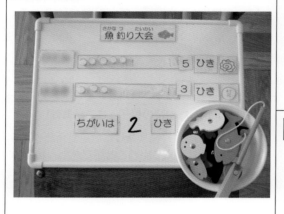

教材の使用方法や指導のポイント

・友達と魚釣り大会を行い。釣れた魚の数の多い方を勝ち、少ない方を負けとした。
・勝った人に花丸を付けるだけではなく、負けた人に悲しい顔を付けることで、勝ちと負け、どちらの意味も分かるようにした。

教材を使用した学習の様子・ここが有効！

・ゲーム性があって楽しく取り組める。
・友達と関わりながら取り組むことがでる。
・数を数えることや、違いはいくつを答えることなど、様々な要素を取り入れられる。

教科	算数	段階・STEP	小学部2段階・STEP 3
教材を使用した単元（題材）名			あわせていくつ
学習目標			具体物を操作しながら、1〜 10 までの数の合成ができる。

教材の写真

5	
2	3

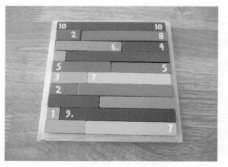

＊本教材はフライングタイガー（Flying Tiger）で購入したものであるが、販売終了の可能性も有。

教材の使用方法や指導のポイント

　書いてある数字によって長さの異なる木の教材を用いて、教師は5と2を提示する。児童は3の部分に何が入るかを操作しながら考える。
　具体物を操作しながら「あわせて」の意味を理解することができる。

教材を使用した学習の様子・ここが有効！

　具体物を操作することで、「あわせて」の意味が分かり、具体物がなくても 10 の数の合成ができるようになった。
　おはじきを操作する学習方法も行ったが、「同じ長さ」で見るほうが分かりやすかったようで、意欲的に行うことができた。

教科	算数	段階・STEP	小学部 2 段階・STEP 3
教材を使用した単元（題材）名			どっちが多い
学習目標		ものとものとを対応させることで個数を比べ、同等、多少が分かる	

教材の写真

教材の使用方法や指導のポイント

・ケースに入った 2 種類のコインをさらに並べ、その数を比べて「どっちが多い（少ない?）」の質問に答える。

教材を使用した学習の様子・ここが有効!

・はじめはコインをケースに入れて数を比べたが、枠がなくても一つずつ対応できるように並べて数を比べることができるようになった。
・本人の好きなキャラクターをコインに貼ったことで興味をもって取り組めた

教科	算数	段階・STEP	小学部 2 段階・STEP 3
教材を使用した単元（題材）名			いくつといくつ
学習目標		10 までの数の合成・分解	

教材の写真

教材の使用方法や指導のポイント

①教師が数字カード 7 をボードに貼る。
②その数の分だけマグネットを貼る（7こ）
③教師が一方の数字カード 5 を貼る
④上の段からマグネットを移動する（5こ）
⑤残りのマグネット（2こ）はもう一方の枠に移動し、数字カード 2 を貼る
⑥「7は5と?」「2」を確認する。
⑦ボードをひっくり返して「5と2で?」「7」

教材を使用した学習の様子・ここが有効!

　元の数のマグネットを教師が手で隠したり、マグネットを使わずにカードだけで考えたりと難易度を上げていくことができた。間違えたりわからなかったりしたときにはマグネットを見て自分で確認することができた。

教科	算数	段階・STEP	小学部2段階・STEP3
教材を使用した単元（題材）名			「同じ」と「違う」を分けよう
学習目標	2量を比べて、同じと違うに分けることができる。		

教材の写真

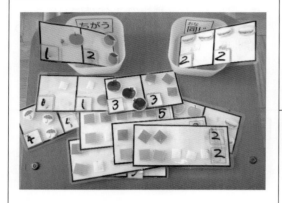

教材の使用方法や指導のポイント

・カードに書いてある数字と、果物などの具体物の数が、左右で同じものと違うものを複数用意し、その中から2量が「同じ」ものと「違う」ものを分けてトレーに入れていく。
・最初は、見比べやすい、横一列に上下に並んでいるものから始める。

教材を使用した学習の様子・ここが有効!

・「同じ」と「違う」の意味を考えるきっかけになる。

教科	算数	段階・STEP	小学部2段階・STEP3
教材を使用した単元（題材）名			かずをくらべよう
学習目標	10までの数で、AはBよりいくつ多いかが分かる。		

教材の写真

教材の使用方法や指導のポイント

・2つの数の差の分のブロックをケースから取り出す活動を行う。差が目に見え、求めやすくなる。
・「＿＿は＿＿より〇おおい」。という言葉が書かれたプリントに記入しながら活動をする。

教材を使用した学習の様子・ここが有効!

・やり方を覚えると、数字を見て自分からブロックを積むことができた。
・差の分のブロックを取り出して数え、プリントに数字を記入することができた。

教科	算数	段階・STEP	小学部2段階・STEP 3
教材を使用した単元（題材）名		なんばんめかな？	
学習目標	数の系列が分かり、順序や位置を表す上での数の表し方が分かる。		

教材の写真

教材の使用方法や指導のポイント

・動物のイラストをランダムに横並びで掲示し、手元のカードを使って順序を答える。

教材を使用した学習の様子・ここが有効!

「右から」（左から）、〇番目は、「（動物の名前）」です

→それぞれ空欄に当てはめる形で、順序を表す方法の理解を深める

教科	算数	段階・STEP	小学部2段階・STEP 3
教材を使用した単元（題材）名		何両編成？	
学習目標	数の順序が分かる。		

教材の写真

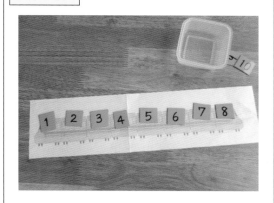

教材の使用方法や指導のポイント

・電車のイラストを見て車両の上に数字カードを1〜10まで置く。
・数字を読み、指で確認できるように数字カードを指差ししながら数唱したり、指で表したりする。

教材を使用した学習の様子・ここが有効!

　電車のイラストを変えたり、車両を変えたりしてバリエーションを持たせた。はじめは1〜3の順序だったが、1〜10の順序までできるようになった。

教科	算数	段階・STEP	小学部 3 段階・STEP 1
教材を使用した単元（題材）名			20 までの数字を数えよう
学習目標		20 までの数字の数唱をしたり具体物を並べたりすることができる。	

教材の写真

教材の使用方法や指導のポイント

・白シールに合わせて、数字が書かれた磁石を順番に並べる。並べたら数唱を行う。
・磁石に数字が書かれているため、数字と数量を対応させることができる。
・「○○の磁石はどれ?」など、数字を確認する場面にも使える。

教材を使用した学習の様子・ここが有効!

・1 から順に確認しながら並べることができた。
・数字を見ながら一緒に数えることで、数字と数唱を対応させることができた。

教科	算数	段階・STEP	小学部3段階・STEP 1
教材を使用した単元（題材）名			うえ・した・まえ・うしろ、どっち?
学習目標		上下、前後、左右などの位置を表す言葉が分かり、その場所に置く。	

教材の写真

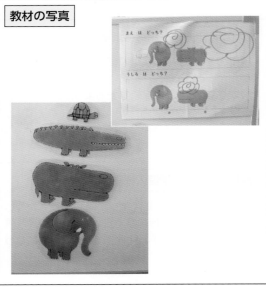

教材の使用方法や指導のポイント

・絵本『ぞうくんのさんぽ』の話をアレンジして、「ぞうくんの上に置いてね。」の指示に合わせて子どもたちは次々に登場するキャラクターを置いて行く。
・位置を表す言葉に合わせて動きも付けて教えると覚えやすい。

教材を使用した学習の様子・ここが有効!

　絵本が上下、前後、左右にどんどん並んでいく話のため、親しみやすく、意欲的に取り組んだ。自分で操作できるので、子どもたち同士でクイズを出し合っての学習も行った。

『ぞうくんのさんぽ』（なかのひろたか，福音館書店）

教科	算数	段階・STEP	小学部3段階・STEP 1
教材を使用した単元（題材）名			宝を見付けよう
学習目標		与えられた情報から、正しい位置を見付けることができる。	

教材の写真

教材の使用方法や指導のポイント

　地図の格子の部分にカードを置き、一か所だけ裏に宝を書いておく。キャラクターをスタート位置からホワイトボードに書かれたヒントをもとに動かし、宝までたどり着くようにする。

教材を使用した学習の様子・ここが有効!

　方向を意識したり、数を意識したりしながら学習することができた。宝の位置を変えたり、スタートの位置を変えることで、難易度を変えたり、子供同士で問題を出させたりすることで理解を深めることができた。

教科	算数	段階・STEP	小学部3段階・STEP 1
教材を使用した単元（題材）名			ちがいはいくつ
学習目標		2つの数量を比べて、いくつ差があるかを答えることができる。	

教材の写真

教材の使用方法や指導のポイント

　具体物を操作しながら、2つの量が「おなじ」か「ちがう」かを見比べる。
　それぞれの数量を数字で書きいれられるのもポイント!

教材を使用した学習の様子・ここが有効!

　「積み上げて比べる」ことで数の違いに着目できた。

教科	算数	段階・STEP	小学部3段階・STEP 1
教材を使用した単元（題材）名			「同じ」と「違う」を考えよう
学習目標		・2量を重ねて比べて、同じか違うかを答えることができる。 ・違いはいくつを答えることができる。	

教材の写真

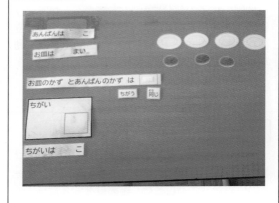

教材の使用方法や指導のポイント

・「お皿」と「あんぱん」の形をした教材を用意して2量を比べさせる。
・最初は、2種類のものを重ねて見比べることで、違いがどういうことかが分かるようにした。
・2量の違いを数字で書き込ませるようにした。

教材を使用した学習の様子・ここが有効!

・数を書き込むカードを用いたことで、教師の言葉の支援なく取り組むことができた。

教科	算数	段階・STEP	小学部3段階・STEP 2
教材を使用した単元（題材）名			動物にアップルパイをあげよう
学習目標	・30 までの個数を数字で表すことができる。 ・総数を1つずつ分配することができる。		

教材の写真

アップルパイはいくつできた？

ケーキは _____ こ できました。

アップルパイがほしいどうぶつがあつまってきました。

どうぶつが _____ ひき やってきました。

ケーキをどうぶつに 1つずつ くばろう！
ケーキはたりるかな・・・？
おしえて！ ケーキは（ たりる ・ たりない ）

教材の使用方法や指導のポイント

・30 までの具体物（おはじき）を操作し、数えることができるようになってからプリント学習を行う。
・動かせないもの（イラスト）はどうすれば数えやすいかも合わせて指導した。

教材を使用した学習の様子・ここが有効！

・分配する目的が分かるように、児童に「みんなにアップルパイを配りたいんだけど、どうしたら仲良く食べられるかな？」と問いかけた。児童は「じゃあみんな同じ数が食べるといいね」と1個ずつパイを線でつなぐことができた。

＊教材名『数えて配ろう』 作成者：杉澤里美

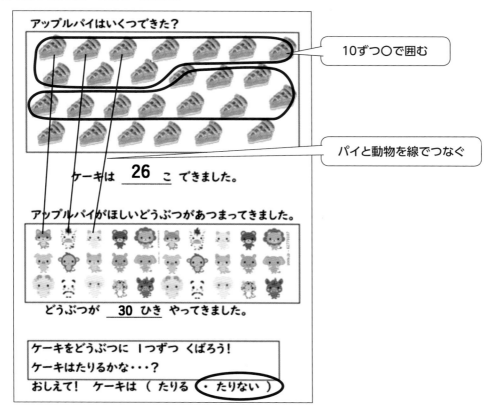

アップルパイはいくつできた？

10ずつ〇で囲む

パイと動物を線でつなぐ

ケーキは **26** こ できました。

アップルパイがほしいどうぶつがあつまってきました。

どうぶつが **30** ひき やってきました。

ケーキをどうぶつに 1つずつ くばろう！
ケーキはたりるかな・・・？
おしえて！ ケーキは（ たりる ・ たりない ）

教科	算数	段階・STEP	小学部3段階・STEP 2
教材を使用した単元（題材）名			30まで正しく並べよう
学習目標		1から30までの数列を理解することができる。	

教材の写真

教材の使用方法や指導のポイント

・プラ板をつけた1〜30までの数字をケースに
　順番に並べて入れていく。
・木のブロックに1〜30までの数字を書く。
・木のブロックを10ずつのまとまりで1〜30ま
　で並べる。
・並べたら、確認のため、教師と一緒に指さしし
　ながら数唱する。

教材を使用した学習の様子・ここが有効!

・木のブロックは積み重ねていくので、学習に入
　ってすぐに行うと集中力が高まった。
・プラ板に数字を貼ったことで、手の感覚がただ
　のカードよりも心地よく、教材に集中しやすいよ
　うだった。
・30までができるようになったら、60までをね
　らえると時刻の読み取りにつながる。
・ブロックに「+」や「−」もつくると、加法・減
　法でも使うことができる。

教科	算数	段階・STEP	小学部3段階・STEP 2
教材を使用した単元（題材）名			時計（正時、半時）
学習目標		大きな時計を見て、何時（正時、半時）か答えることができる。	

教材の写真

教材の使用方法や指導のポイント

・教師が針を操作し、児童が時刻を言葉で答えたり、手元のイラストから同じ時計を選んで答えたりする。
（針はハンドスピナーを2つ使って作成）
・短針だけでなく長針も一緒に動かすことで、時計の理解につなげた。

教材を使用した学習の様子・ここが有効!

・大きな時計をよく見ながら、同じ時計を選んだり、「○じ!」と答えたりしていた。
・時計を大きくしたことで、針や目盛り、数字が見やすく、児童の興味をひくことができた。

*教材名「大きい時計」（作成者：鶴田尚平）

教科	算数	段階・STEP	小学部3段階・STEP 2
教材を使用した単元（題材）名			とけい（正時）
学習目標		数字を見て、その時刻を表す時計のイラストを選ぶことができる。	

教材の写真

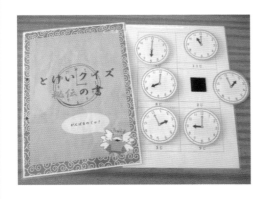

教材の使用方法や指導のポイント

・数字を見て、該当する時計のイラストを貼る。
・短針の色を変え、短針を見て判断できるよにする。理解してきたら針の色を同じにする。

教材を使用した学習の様子・ここが有効!

・時計に苦手意識があったが、好きなキャラクターから『秘伝の書』が届いたという物語に興味が沸き、学習に取り組むことができた。
・正時だけでなく、内容を変えて半時の学習でも使用した。

教科	算数	段階・STEP	小学部3段階・STEP 2
教材を使用した単元（題材）名			足し算をしましょう・式に表しましょう
学習目標		1位数同士の加法の計算ができる・加法の式の立式ができる	

教材の写真

教材の使用方法や指導のポイント

・一人2投する。1投ごとの点数を教師と一緒に確認して表に記録。
・手持ちのホワイトボードやワークシートに得点を記録、立式して計算する。

教材を使用した学習の様子・ここが有効！

・ゲーム形式の題材なので、生徒が興味をもって参加できる。
・一人ひとりの活動になるので、字を書く、立式するのところの見取りがしやすい。

教科	算数	段階・STEP	小学部3段階・STEP 3
教材を使用した単元（題材）名			10 のまとまりを作ろう・数えよう
学習目標		・10 のまとまりを作ることに慣れる。 ・10 のまとまりで 10・20・30・40…と数えることを覚える。	

教材の写真

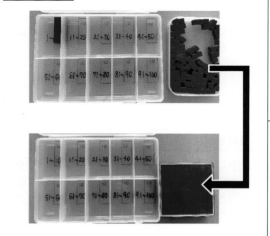

教材の使用方法や指導のポイント

　10のまとまりで数えることに慣れるため、最初は下の写真のお皿に10個ずつブロックを入れていた。「5を 2 列作ると楽だよ」ということを伝えたくて、ブロックがなるべく動かないこの入れ物に変えた。

教材を使用した学習の様子・ここが有効！

　次に見えてきたステップとして、「2ずつまたは5ずつで数を数える」があるので、その学習にもつなげやすい 5×2の10のかたまりが作りやすいお皿の配置になっている。きっちり並べるのが好きな生徒は、好きな教材になると思われる。

教科	算数	段階・STEP	小学部3段階 STEP 3
教材を使用した単元（題材）名			何時に何をする？
学習目標		時刻の読み方を日常生活に活かし、時刻と生活とを結びつけることができる。	

教材の写真

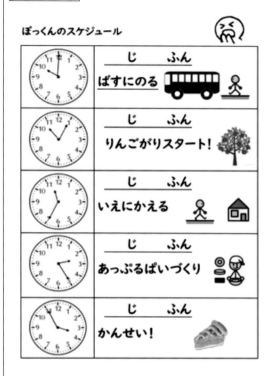

教材の使用方法や指導のポイント

・児童生徒が実際に体験した学習に基づいてスケジュール（時刻と活動）を示し、生活経験と時刻の関係を理解できるようにする。
・毎日の時間割に沿ったスケジュールだけでなく、行事や校外学習などのスケジュールを教材化し、時刻の読み方の学習を深められるようにする。

教材を使用した学習の様子・ここが有効！

　まず、毎日の決められた時間割をスケジュールにして、どの時刻に何の学習をしたのか理解のしやすい教材を扱った。時刻と活動の開始を結びつけて理解ができるようなったところで、普段と異なるスケジュールである行事や校外学習などを教材化し、時刻の学習を深めた。
どの時間に何をしたかが明確で、児童生徒の印象に残る活動のスケジュールを教材化したことで、活動と結び付けて時刻を読むことができた。

教科	国語	段階・STEP	中学部 1 段階
教材を使用した単元（題材）名			表とグラフ
学習目標		簡単な表やグラフを表したり、読み取ったりすることができる。	

教材の写真

教材の使用方法や指導のポイント

・自分達で考えた給食「中 2 おすすめ献立」の好きだったメニューアンケート（〇シールを貼る）を取り、それを表やグラフで表した。一番人気のメニューをもう一度出してもらうため、一番人気が何かを読み取った。

教材を使用した学習の様子・ここが有効!

・導入として献立アンケートを活用した。表にするため、アンケート結果をどうしたら早く正確に数えられるか、棒グラフの目盛りはどこ等、友達と協力して取り組んでいた。自分たちの好きなことだったので、意欲的に取り組んでいた。

中2「おすすめ献立」
廊下壁面4か所で、〇シールによる好きだったメニューアンケートを実施した。
一番人気をもう一度給食に出してほしいと依頼するため、4つのアンケート結果を集計し、1つの表やグラフで表した。

教科書
次に、より詳しく丁寧に表やグラフの表し方、読み取り方を教科書で確認し、学習した。

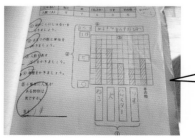

プリント
最後に、学習が定着したかどうか、プリント問題を解いて確認した。

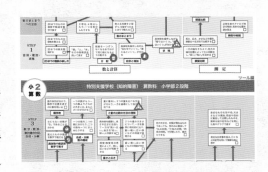

Column コラム 4

私の教材開発②　「つまずきを学びの喜びにつなげる教材開発」

1　教材開発の経緯

(1) 児童の実態

　本取り組みにおける対象児童は小学部6年生の児童で、ラーニングマップの評価は2段階STEP 3～3段階STEP 1です。以前より一桁同士の繰り上がりのある足し算をすることができ、物の多少を正しく答えることができていました。ラーニングマップを参考にしながら活動内容を考え、『具体物を操作しながら「残りはいくつ」「違いはいくつ」が分かる。』を選定しました。この内容の中で、2量を比較して差を数量で表すことを目標にしました。

(2) 開発した教材

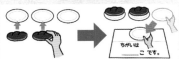

　目標をたてるにあたって児童の実態を調べていくと、「同じ」と「違う」の言葉の意味をまだ理解していないようでした。まずは「同じ」と「違う」がそれぞれどのような意味か分かるように、2種類のイラストを見比べてそれが違うか同じかを体験したり、1対1対応でお皿の上にパンを乗せて、パンやお皿の余りがあるかないかで同じか違うかを判断するような活動に取り組んだりしました。お皿の上にパンを乗せる活動は、児童が自分で教材を操作して考えて取り組むことができるようにしています。違いを置く枠も用意することで、視覚的に「違う」を捉えられるようにしました。また、数字や言葉を書き込むことができるようにして、いずれ数字同士で比較するときにスムーズに移行できるようにしました。

2　教材を使用した実践

(1) 実践の経過

　お皿の上にパンを乗せるという活動で、回答を「違う」にする場合は、必ずパンが足りないようにしていました。お皿に乗せるパンがないということは、数量が違うからだということに気が付いてほしかったからです。その後、正しく「同じ」や「違う」を答えられるようになってから、お皿が足りなくて数量が異なるという状況も作り、パンが足りない時も、お皿が足りない時も数量

が「違う」ということが分かるように変化をつけるようにしました。異なる「違う」という状況に繰り返し取り組んでいった結果、「同じ」と「違う」の意味を正しく理解できるようになっていきました。一対一対応で操作する、単純で分かりやすい活動だったこと、自分で操作できるようにし、「違う」をラベリングして理解を促すことができたことが、成果であったと考えます。

「同じ」と「違う」を理解できたところで、別の教材を使用して「違いはいくつ」の理解をさらに深めること、異なる教材、異なる比べ方であっても、違いはいくつを正しく答えられるようになることを目標に取り組むことにしました。主な教材として、2量の積み重なった積み木の数の比較（縦に並べて比べる）、新幹線の車両の数（横に並べて比べる）、『さんすう☆☆☆』のちがいはいくつ（ランダムにあるものを比べる）などで取り組みました。パンとお皿の活動と同様に、自分で教材を操作する活動をメインに取り組んでいました。さらに、2量を比較するカードを「同じ」か「違う」かで分別する活動で、繰り返し取り組むことができるようにしたことで、活動量を確保することができるようにしました。

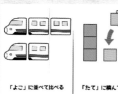

「よこ」に並べて比べる　「たて」に積んで比べる

(2) 教材を通した学びの成果

この事例では最終的に、「同じ」と「違う」の意味理解ができたこと、違いに気が付きそれを数字で表すことができるようになりました。違いが何を指すのかがわかるようになり、数量の差に着目して、比較をする方法について理解を深めることができたと評価しています。それは、「同じ」と「違う」の意味理解に丁寧に取り組んだこと、生活に沿っていてかつ操作的な活動に取り組んだことが有効であったと考えています。また、ラーニングマップを手掛かりにしたことで、子どもの実態把握をすることができ、適切な段階の目標を設定することができました。「ちがいはいくつ」を正しく答えることができるようになったことから、段階ごとの学び方や発達基盤を踏まえた目標立て、授業づくりをすることができたと考えています。

3　私の教材開発の point

今回の事例の児童の実態は、ラーニングマップの小学部2段階 STEP 3～3段階 STEP 1だったため、発達の状況よりも、特に障害特性のことを意識しながら教材開発に取り組みました。視覚的な支援が有効な児童であったため、書き込めるようにしたり、「違う」を視覚化したりするようにしました。特性を把握して教材に生かすということは、課題の確実な習得につながり、普段の生活で活用できる力になっていくのではないかと考えています。

学習している児童の姿をよく見ていると、「わかった!できた!」という瞬間に出会ったり、つまずいて悩んでいる姿を見たりすることがあります。できたときに一緒に喜ぶこと、つまずきを一緒に悩み、授業や教材を改善していくことを、いつまでもできる教員でいたいなと思います。

第6章

実践校における
カリキュラム・マネジメント
—静岡県立伊豆の国特別支援学校—

令和3年4月に新規開校した伊豆の国特別支援学校では、児童生徒の資質・能力を育むため、新しい教育課程を定めて教育実践をスタートしました。本章では、本校におけるカリキュラム・マネジメントの取り組みの実際を紹介します。（静岡県立伊豆の国特別支援学校　校長　早田公子）

1　学校教育目標の実現のための「なぎのはプラン」

　新規に学校を開校するにあたり、これまでの教職経験の中から解決しておきたいことがいくつかありました。その中のひとつが、教育目標実現のために学校としての12年間の教育活動を明らかにしておくことでした。これは言葉にすると当然のことですが、筆者自身が以前に保護者の方から面談で「3年前にも同じようなことをやって、その時にもそれはできたと聞きました」と言われたことがあります。特別支援学校では児童生徒の実態に合わせるということを大切にするため、学年が異なっても実態に合わせた結果、同じような学習を組んでしまったということです。これは学校として12年間で、何を目標に、どのような教育活動をとおして、何をどのように育てていくかを教職員や保護者と共通理解できていなかったためではないかと考えました。

　本校ではまず、学校教育目標実現のために、目指す学校像・児童生徒像を教職員全員で共通理解し、保護者の皆様にもお伝えするものとして「なぎのはプラン」を作成しました。本校では伊豆の国市の木であり、縁やつながりを表す「梛木（なぎ）」を学校のシンボルとしています。ここに示しているのは「なぎのはプラン」の一部ですが、学校教育目標につながる学部目標、目指す児童生徒像、時期としての捉え、大切にしたい支援を記載したものになっています。各学部の連続性や12年間を見据えた学びの積み重ねを見える化し、12年間の中での今の位置がわかるように表しました。

学部	小学部	中学部	高等部
学部目標	好きなことや得意なことを増やし、かかわる・つたえる気持ちを育てる	自分の良さに気づき、自信をもって行動できる力を育てる	自分の良さや強みを伸ばし、社会でしなやかに生きる力を育てる
目指す児童生徒像	● 好きなことやできることを見つけ、楽しみと自信をもてる人 ● 自分の思いや考えを伝えようとする人 ● 物や人に興味や関心を示し、夢中になって取り組む人 ● 友達や教師と一緒に集団の中で活動できる人 ● 自分で選んだり、決めたりすることができる人 ● ボディーイメージをもち、体を動かすことを楽しむ人	● 良さを活かし、役割を果たすことができる人 ● 自分の方法で、思いや考えを伝えられる人 ● 様々なことに挑戦し、自信をもてる人 ● 仲間と共に活動できる人 ● 自分で選び、行動につなげる人 ● 自分の心と体の状態が分かる人	● 好きなことや得意なことがわかり、強みを活かし活躍する人 ● 自分に適したコミュニケーション方法を身に付け、必要な場面で使える人 ● 生涯学習や余暇活動につながることや物を見つけることができる人 ● 周囲との良好な関係を築き、協力して活動できる人 ● 考えて行動することができる人 ● 心や身体の状態を知り、自己コントロールすることができる人
	【良さ】　【伝える】　【興味・関心】　【関わる】　【考える】　【心と体】		
時期	**萌芽発育期** きづく・わかる 生活の中で、好きなことや楽しいことを見つけ、興味や関心を広げ、得意なことや強みにつながることを増やしていく時期。一つ一つの行いを認められたり、褒められたりしながら、達成感や成就感、自己肯定感をもてるようにしていく時期。	**伸長期** みがく 思春期を迎え、心も体も大きく変化する。心と体のバランスを整えながら生活し、できること、得意なことを自分の良さとして捉え、自信を持って活動していく時期。自信を積み重ね、様々なことにチャレンジし、自分の可能性をさらに広げ、自身の魅力を輝かせていく時期。	**拡張期** つながる 心の成長と身体の成長のはざまに揺れながら、さらに成長しようとする時期。身に付けた経験や力をさらに願いて確かな力とし、卒業後の社会生活を意識して学びを積み重ねる時期。

図6−1　なぎのはプラン（一部抜粋）

2　カリキュラム・マネジメントシステムの構築

　伊豆の国版カリキュラム・マネジメントシステム構築のために、本校では小学部1年生から高等部3年生までの12年間のカリキュラム・マネジメントシートと全学年教科等のシラバスを作成しました。開校時に、いろいろな学校から着任したばかりの教員が、4月から何を教えようかと悩むところから始まるのではなく、授業を行うにあたり一人一人の児童生徒にどのような支援が必要かを考えることからスタートできるように、学習指導要領を基に全学年の各教科について作成し、開校を迎えました。

図６−２　カリキュラム・マネジメントシート

図６−３　シラバス（一部抜粋）

　そして学校教育目標実現のための取組が、どのように位置づけられ、関連しているのかを示し、教員間で共有しているのが「なぎのはプロジェクト」です。

　本校では教育課程の中にカリキュラム・マネジメントシートとシラバスを位置づけ、それぞれが単独なものではなく、相互に関連していることを意識しています。また将来につながる必要な支援や、目標に対する評価分析を記載する個別の教育支援計画や個別の指導計画ともつながり、保護者との共通理解を図るツールとしての役割もあります。これらを通して教科で身につけた力を生活に活きる力に汎化することを目指しています。

　カリキュラム・マネジメントについては、当然、一度作成したら終わりではなく、PDCAサイクルを回して、見直し改善を図っていく必要があります。しかし、それを組織的に行わなければ、個々の教員の判断や価値観によって変更が加えられ、横のつながり縦のつながりが消滅してしまう危惧があります。

　そこで本校では、いつ、どこで、何を検討するかを明記した年間ス

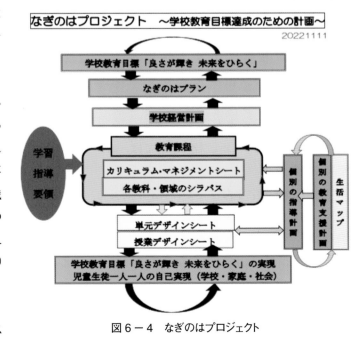

図６−４　なぎのはプロジェクト

ケジュールを作成しました。それを図にしたのが次の表です。

表6−1　なぎのはプロジェクト〜学校教育目標達成のための計画〜年間スケジュール

【統括】	4月	5月	6月	7月	8月	9月	10月	11月	12月	1月	2月	3月
なぎのはプロジェクト【副校長】	方針・業務内容・担当・計画の確認【企画会】				進捗状況の見直し・課題改善①【企画会】			進捗状況の見直し・課題改善②【企画会】				次年度計画の立案【企画会】
学校教育目標　なぎのはプラン【校長】	本校の理念・経営計画等の方針についての説明【校長】											見直し・次年度案の立案【校長】
学校経営計画（学部計画・分掌計画）【副校長・部主事・課長】			前期学校評価【副校長】学部評価【部主事】		前期評価からの改善【副校長・部主事・課長】			次年度経営方針重点項目の検討【校長】	後期学校評価【副校長】	後期評価からの改善【副校長・部主事・課長】		次年度経営案検討・作成【副校長・部主事・課長】
教育課程 カリマネ委員会【教頭】	今年度の方針・計画の確認						今年度の進捗状況の確認次年度に向けて見直しのポイント見直し計画の検討・確認 見直しのポイントと計画の職員への周知				次年度カリマネシート・シラバス変更内容の確認	次年度重点項目の実現に向けた方針の確認
教育課程 カリマネシート【部主事】	新カリマネシート発行【部主事】							次年度に向けてのカリマネシートの改訂【学部・主任・分掌】		次年度に向けてのデータ修正【部主事】	新カリマネシート完成【部主事】	
教育課程 シラバス【部主事】	新シラバス発行【部主事】				1学期の単元についてチェックシートに基づいて振り返る。【学部・主任・分掌】		物品使用調整・学校行事の見直し → シラバスへの反映（随時）【分掌・学年】	次年度に向けてのシラバスの改訂【学部・主任・分掌】		次年度に向けてのデータ修正【各担当】	新シラバス完成【部主事】	
個別の教育支援計画【自立活動課長】	書式の意義目的、作成、活用の説明【自立活動課】	引き継ぎ資料内容の確認・情報関係連携 A表B表作成	ケース会議	内容確認	面談にて共有	修正	状況に変化があった場合は、保護者と確認し、随時参で変更を加えていく。		A表B表作成	ケース会議	内容確認 修正 面談にて共有	データの保存保管
個別の指導計画【自立活動課長】	書式の意義目的、作成、活用の説明【自立活動課】	前期自活シート・各教科シート作成	ケース会議	内容確認	面談にて共有	修正	前期自活シート・各教科シート作成 ケース会議 内容確認 面談にて共有	データの保存保管		後期自活シート・各教科シート作成	ケース会議 内容確認 修正 面談にて共有	データの保存保管 仮説検証をむける
単元デザインシート【研修課長】	シートの意義、作成、活用の説明【研修課】	単元デザインシートの作成学年部会等での検討・共通理解【学年・学部】					単元デザインシートへの学習評価記入 個々、集団の学習状況の評価 指導・授業の評価次単元・次年度への引継ぎ【学年・学部】					単元デザインシートのデータをファイルサーバへ保存【研修課・学部・学年】
授業デザインシート【研修課長】	シートの意義、作成、活用の説明【研修課】		授業デザインシートの作成学年部会等での検討・共通理解【学年・学部】		単元デザインシート・授業デザインシートに基づいた授業の実施【学年・学部】							授業デザインシートのデータをファイルサーバへ保存【研修課・学部・学年】

　まず単元・授業ごとの評価を、学年部会を始めとする学習グループの担当者同士で行います。
　続いて1学期末、2学期末に、各学部の主任会や学部会で各教科のシラバスの評価を行います。それらを受け3学期に、カリキュラム・マネジメント委員会や企画会で、教育課程の評価・改善を行い、次年度の教育課程に反映させるという手順を考えています。
　各教科・領域ではカリキュラム・マネジメントシートとシラバスが、国語、算数・数学ではラーニングマップが指導の根拠となります。ラーニングマップは教員の共通の視点となり、発達の順序性や学習の系統性を知るうえでたいへん有効なツールとなっています。現在の実態から次の目標設定を行う際や、指導の行き詰まりが出たときの指導の転換を行う際にも活用しています。
　成果としては次の3点が挙げられます。
・ゼロから構築していく新設校においては、スタートの時点で共通する指針を示せたことは非常に有効であった。
・自分の担当する学年だけでなく、12年間で児童生徒がどのように学習を積み重ねていくかが把握でき、教科領域間のつながりも意識した指導行うことができる。
・教職員の多忙化が言われる中、授業づくりが、「何をやろう」からではなく「一人一人の実態に合わせてどう指導しよう」「有効な支援は何か」を考えるところから始めることができ、校内で指導内容や教材の蓄積もできる。
　カリキュラム・マネジメントシートの内容は継続した検証が必要ですが、カリキュラム・マネジメントシートがあることは、教員にとっては有効であるとの実感が強いと思われます。「前もって単元構想を練っ

たり、教材を準備したりすることができる」「カリキュラム・マネジメントシートがあることで現在の学年やこれから先の学年の内容を一目で確認できてよい。音楽と図工など、題材を関連付けて授業を組み立てやすかった」との声が上がっています。

　一方で課題としては「学年の実態差があるので、同じ単元でも迫れる部分、難しい部分がある」、「柔軟に考えられる部分があってもよいのではないか」「シラバスはあるが（新設校のため）物がなくてできない授業が多々ある」という意見がありました。

　今後は、実践と振り返りを繰り返すことで、より学校の実態に合わせたものに改善していく必要があると考えます。

　このカリキュラム・マネジメントシートとシラバスは作成して終わりではなく、実践と振り返りを繰り返して、より学校の実態に合わせたものに改善していくことこそが重要だと考えます。この学年の子には合わないとか、こちらの方をやりたいなどと、それぞれの担当者が変更していくとあっという間に崩れてしまいます。そのためカリキュラム・マネジメントシートとシラバスを作成することよりも、どの時期にどのメンバーで振り返りを行うかを検討し、学校としての12年間のカリキュラム・マネジメントを維持するためのPDCAサイクルの確立を目指しています。

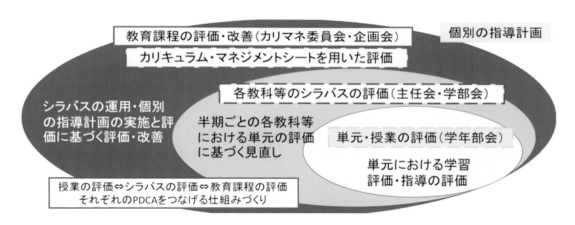

　本校では、開校初年度だけでなく、2年目の今年度も全教員を対象にしたカリキュラム・マネジメントの研修を実施しました。全教員が伊豆の国版カリキュラム・マネジメントシステムについて理解し、日々の取組がどこに位置づけられ、どのような意義があるかをそれぞれに自分の言葉で伝えられるようになることが必要だと考えます。カリキュラムをマネジメントするのは、管理職でも一部の教員でもなく、日々児童生徒と向き合い教育活動を行う教員全員です。今後も繰り返しカリキュラム・マネジメントについて共通理解を図りながら、学校教育目標の実現、児童生徒の確かな学びを積み上げ一人一人の自己実現を目指す学校にしたいと考えています。

Column コラム **5**

各教科の目標・内容の整理と各教科等を合わせた指導の実践

自然な文脈の中で発揮される児童の言葉、数概念、量感覚

　ラーニングマップは、国語、算数・数学の内容を段階ごとに、系統的に整理しています。授業づくりの際、ラーニングマップを活用することで、児童生徒の実態に合わせて目標、内容を選定することができます。この活用のメリットは各教科等を合わせた指導においても同様で、生活単元学習や作業学習の授業づくりにも生かすことができると考えています。

　本校の「各教科等を合わせた指導」の指導形態の共通理解として、生活に根差したテーマ設定のもと、児童生徒の生活、学習の中で必然性のある活動を展開するようにしています。児童生徒の実際的な取り組みの中で、問題解決する力、協働する力が発揮され、単元の展開とともに一人一人の学びと共に集団としての学びが深まっていくことを目指します。ラーニングマップの活用によって、各教科等を合わせた指導の活動設定を行う際、発達段階と特性を踏まえ、自然な文脈で各教科の内容を扱ったり、一人一人が力を発揮したりする姿を導き出せると考えています。

　ここでは、小学部の生活単元学習の実践を取り上げ、小学部1段階から小学部3段階までの幅広い実態像に応える、言葉や数概念、数量の比較などの教科の内容を扱った例を紹介します。

1　単元の概要

　この実践は、小学部6年生の修学旅行の事前・事後学習を扱った行事単元です。修学旅行の目的や行程、持ち物などを理解した児童たちの専らの関心は、動物園や水族館で見学する生物に移っていきます。児童たちは、修学旅行の目的地である動物園や水族館の調べ学習を行い、見学できる生き物について詳しく情報を得たり、分かったことを発表し合ったりする活動に取り組みました。様々な動物や魚のことを調べ、知識を得て、実際に見学をして事実と照らし合わせ、分かったことを友達と伝え合う活動を単元終盤に計画しました。

（1）単元名　　　「楽しく！仲良く！協力！修学旅行にGO！」
（2）単元目標　　「修学旅行の見学先について、興味をもったことを調べたり、見学したりして、分かったこと、考えたことをまとめて伝えることができる。」
（3）単元の展開（概略）

単元計画	○学習内容	学習活動
1次	○修学旅行の日時、見学先、活動内容を知る。	・旅程表、修学旅行のしおりを作成する。 ・見学先での活動内容を写真で確認する。
2次	○動物園、水族館にいる動物等の名称、特徴などを調べる。	・書籍やタブレットを使って動物等の情報を調べ、整理してまとめる。
3次	○調べた事柄、見学して分かったことについて情報を整理し、発表しあう。	・調べ学習や実際の見学で分かったことに関する発表会を実施する。

2　教科の内容を扱った活動場面

　単元で計画した学習活動は、単元のテーマ性に則り、かつ児童がこれまで学んだ「動詞や形容詞を含む話を聞いて理解する（小学部2段階 STEP 1）」、「会話を通して、ものの名前や動作などいろいろな言葉に触れ、使用する（小学部2段階 STEP 1）」、「経験したことのうち身近なことについて、写真などを手掛かりに伝えたいことを思い浮かべたり、選んだりする（小学部2段階 STEP 3）」、「見聞きしたことなどのあらましや自分の気持ちなどについて思いついたり、考えたりする（小学部3段階 STEP 2）」、「2つの具体物について、大きい・小さい、多い・少ないのいずれであるか判断し、区別する（小学部1段階 STEP 3）」、「視覚・触覚等の感覚によって、長い、高いなどの判断ができる（小学部2段階 STEP 1）」、「数詞とものとを対応させて、正しく個数を数える（小学部2段階 STEP 2）」、「一方の端をそろえて、他方の端の位置によって大小判断をし「長い」「短い」を決める（小学部3段階 STEP 1）」、「長さ、広さ、かさなどの量を直接比べる方法比較する（小学部3段階 STEP 1）」といった、小学部国語科・算数科1段階から3段階にかけて、幅広く内容を取り扱うことができました。

　具体的な活動場面で含まれる各教科の内容、要素を以下のように整理することができます。

具体的な活動場面①

「動物博士になろう!」
　動物の名称、大きさ、身体の特徴などについて書籍、タブレット端末を用いて調べる。
　調べた動物について、実物大で模型を作成する。

算数の内容

- 視覚や触覚等によって大きさを実感
- 動物同士の大きさの比較
- 自分の体を基準として比較し、大きい、小さいなどの用語で表現

国語の内容

- 動物とそれを表す名称の対応
- 動物の特徴を表す形容詞、動詞を用いた表現

制作した動物の模型と貼り絵

具体的な活動場面②

「調べたことの発表会!」

　動物に関して調べたこと、見学して分かったことなどを言葉やイラスト、写真を使って発表する。動物の名称、特徴、大きさなどについて、言葉や数量を用いて説明したり、見学して分かったことを整理して説明したりする。

算数の内容

- 身近なものの大きさなど、量的側面への気付き
- 数量を表す言葉や数字を用いた表現
- 数詞、数字とものとの対応

国語の内容

- 具体物や写真などを手掛かりにした想起
- 見聞きしたり、体験したりしたことを表す言葉の使用
- 体験に裏付けられたイメージを言葉にして表現する

「調べたことの発表会」の様子

　この実践は、修学旅行の事前・事後学習で見学内容に関する調べ学習を進め、実際に見学して実感したことや分かった事実と照らし合わせて、児童が理解を深めていく様子を教師も実感することができました。展開の中で国語、算数で育んだ力を児童が発揮する場面やきっと児童はこんな問いをもつだろうといった予測しながら活動場面を設定しました。ラーニングマップを活用することで、児童一人一人の学習状況が教師間で共有され、教科の目標や内容の達成状況を評価できる課題設定がなされています。加えて、ラーニングマップの活用で、「①発達段階を把握し、適切な手立てを考えることができる」、「②ラーニングマップを評価規準に活用することで、各教科等を合わせた指導においても、児童生徒の国語、算数・数学の学習評価を可能にする」、「③学習活動で、一人一人の児童に適した具体的な活動の設定を可能にする」といった効果が得られています。

第 7 章

実践校における「ラーニングマップ」を活用した学習評価

本章では、静岡県立伊豆の国特別支援学校中学部で取り組んでいる、ラーニングマップを活用した学習評価について、紹介をします。本校の令和4年度の研究主題は、「確かな学びを積み重ね、自らの良さを発揮できる授業づくり」です。この研究主題に迫ることができるよう、中学部では今年度から「理解や思考の深まりを促す、「問い」や「展開」の工夫」をサブテーマとして設けました。これらに迫ることができるようにラーニングマップを活用して、「評価規準」と「評価基準」に着目をした、学習評価を行うこととしました。

　令和3年度は、ラーニングマップを使って生徒の実態を把握し、一人一人の学習状況に応じた指導に取り組んできました。授業づくりにおいて、目標、内容を設定する根拠が明確になり、段階ごとの実践を積み重ねることができました。一方で設定した目標、学習内容の中で、生徒が思考を働かせ、学びを深める授業実践の質的改善が課題として挙がりました。そこで、授業の中での理解の深まり、思考の深まりを目指すために、授業の中で扱う学習活動や教材を工夫することで、子どもたちが誰とでも、どのような時にも、学び得た力を活用できるような授業づくりを目指していきたいと考えました。そこで、令和4年度は学部ごとにサブテーマを設け取り組んでいきました。

　それでは、具体的に取り組んでいる学習評価の方法についてご紹介していきます。学習評価はPDCAサイクル（P：授業づくり、D：授業実践、C：学習評価、A：改善）で行っています。

　Pの授業づくりでは、ラーニングマップを活用して、生徒の学習状況を的確に捉え、教科の系統性や発達段階を踏まえた授業を計画していきます。

　Dの授業実践では、ラーニングマップを踏まえて計画した授業を実践していきます。発達段階に応じた学習内容や教材教具を活用しながら生徒の実態に合わせて指導を実践していきます。

　Cの学習評価です（**図7－1**参照）。単元において学習を進め、目標を達成するためには、いくつものスモールステップを経て、子どもたちは学びを積み重ねています。そこで、ラーニングマップを活用することで、発達段階別により細かく学習状況を把握できたり、「評価規準」として活用したりすることができます。さらに本校の研究主題である「確かな学びの積み重ね」を実現するための方法として、本校では学びの道筋を示すための「評価基準」を設定することとしました。授業の中で、何を、どこまで達成できているのかを明らかにすることで、

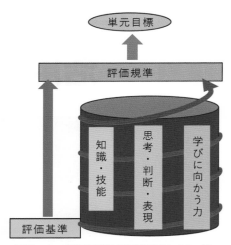

図7－1　単元目標と学習評価のイメージ

確かに学びを積み重ね、深い学びにつながるのではないかと考えています。

　また、子どもの学びの道筋を示すだけでなく、授業者が子どもの学びをより具体的に評価をすることができるようになったり、なぜこの学習を行っているのかという根拠にもつながったりすることで、評価の精度が高まり、指導の改善につなげたりすることができるのではないかと考えています。

　Aの授業改善では、学習評価を受けて、さらに生徒が成長する姿を引き出すことができるような発問を工夫し、授業を展開していきます。生徒の成長が実感できれば教師も授業がより楽しくなると

考えています。互いに喜びを感じて、互いに輝けるような授業を目指していきます。

1　評価基準を活用した学習評価について

　それでは、本校で取り組んでいる学習評価について具体的に説明します。まずはじめに、評価規準を観点別に設定します。このときに、新たに評価規準を設定するのではなく、ラーニングマップの内容を活用することで発達段階や学習状況に応じて適切を行うことができます。

　さて前述の通り、本校の研究主題は「確かな学びを積み重ね　自らの良さを発揮できる授業づくり」です。この確かな学びの積み重ねをどのように評価していくかと考えたとき、評価規準を達成するための道筋を示す評価基準を設定しました。観点別に設定することで、子どもの学びを深く見取ることができ、学びの積み重ねがより視覚的に分かりやすく設定できるようになりました。下記のイメージ図の使い方としては、子どもの学びがC評価からA評価になるように発問や展開を工夫し、実践することで、確かな学びを積み重ね、子どもたち一人一人の確かな力になると思っています。

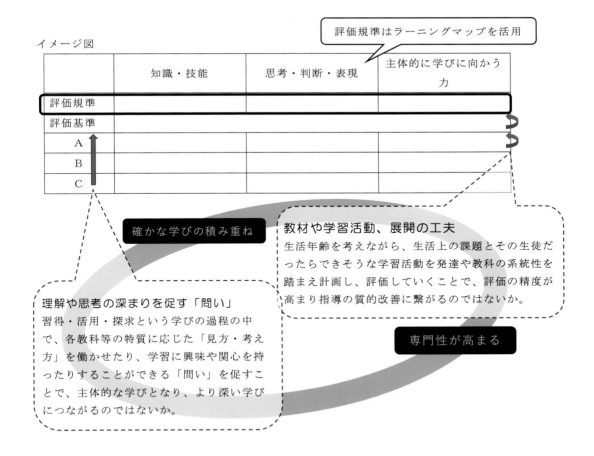

さらに子どもの学びの姿だけでなく、教師の専門性についてもこの表を使うことで評価をすることができます。評価基準を達成するためにも教材や学習活動、展開を工夫していく必要があります。学習状況や発達段階を踏まえながら指導の計画、評価をすることで授業が質的に改善され、専門性が向上するのではないかと考えています。さらに、学習評価をする際に、『評価基準』がA評価にならなかった場合は、なぜA評価にならなかったのかをPDCAサイクルで検証していくことで教師の専門性の向上につながるのではないかと考えています。以下の表は、数学科の実践で使用した評価規準と評価基準の実践例です。

表7-1　本校の実践「くらべてみよう【かたち】」における評価規準、評価基準の例

評価規準	知識・技能	思考・判断・表現	主体的に学習に取り組む態度
評価規準	・図形のとがった部分のことを「角（かく・かど）」と答える。 ・図形の角から角までの線のことを「辺」と答える。	角の数を数えながら形の分類に取り組んでいる。	身の回りにあるものの中から丸、三角形、四角形などの図形を見つけて、角の数を数えながら学習に取り組む。

評価基準	知識・技能	思考・判断・表現	主体的に学習に取り組む態度
A	角や辺が3つあるものが三角形、4つあるものが四角形であることが分かる。	身近なものの中から丸、三角形、四角形などの図形を見出して分類し、分類した理由を説明している。	身近なものの中から丸、三角形、四角形などの図形を探し、角や辺の数を数えながら学習に取り組んでいる。
B	三角形、四角形から角を見つけ、その名称を「角」と答える。	角の数（辺の数）によってどの図形に分類されるかを判断している。	身近なものの中から三角形、四角形などの図形を見つけようとしている。
C	辺（線状の棒）を組み合わせて、三角形や四角形などの図形を構成できる。	視覚的な形の認識によって、基本的な図形（円形、正三角形、正方形、長方形など）を丸、三角形、四角形を分類している。	身近なものと基本的な図形のカードを重ね、形を比べようとしている。

2　評価基準を活用した学習評価の成果と課題について

　ここまでご紹介してきたラーニングマップを活用した学習評価について、実際に活用してみた成果と課題をお伝えしていきます。

　成果としては、ラーニングマップを評価規準とすることで、子どもの発達段階と学習状況を踏まえた学習を計画することができました。また、ラーニングマップと評価基準の両方を活用することで、子どもの目指す資質・能力が明確となり、確かな学びにつながる道筋を視覚化することができました。そのため、教師はどのような授業を計画、実践していけばよいのか一目でわかるようになり、教師の専門性が向上できるだけでなく、どの教師も質の高い、目標と内容で指導ができるようになりました。さらに、ラーニングマップの段階に応じた教材も一緒に共有していくことで、教師の多忙化を解消することができ、働き方改革の推進にもつなげることができます。

　その一方で、課題も2点見つかりました。1点目は、汎用性が難しいという点です。子ども一人一人の発達段階や学習状況に応じた評価基準を設定するため、他の子どもに対し同じ評価基準を使用することが難しくなります。そのため、ここで立てた評価基準を参考にして新たに設定し直すことはできますが、同じ内容での活用が難しくなります。

　2点目は、評価基準を設定するのに多くの時間を要することです。子どもの学びを的確に見取り、その子の学びの道筋をよく考えなければいけません。子どものことをよく分かっていないと基準がずれてしまいます。日々のやりとりの中で子どものことをよく理解し、基準を検討し、設定することがとても重要になってきます。

3　さいごに

　この学習評価の方法で取り組むには、多くの時間を要することから、多忙化と言われている教育現場において、毎時間行うことは困難な状況にあるといえます。しかし、授業づくりにおける基本的なことをより丁寧に扱うことで、授業の組み立て方、実践、そして子どもの見方等をより深く考えることができるようになりました。この方法での学習評価を通して、時間や労力はかかりますが、子どもの学びが深まり、教師の専門性が高まると考えると本校で取り組んでいる評価基準を活用した学習評価は、実践する価値が十分にあると考えられます。

引用・参考文献

文部科学省（2016）「幼稚園、小学校、中学校、高等学校及び特別支援学校の学習指導要領等の改善及び必要な方策について（答申）」

文部科学省（2018）特別支援学校学習指導要領解説各教科等編（小学部・中学部）

文部科学省中央教育審議会（2019）「児童生徒の学習評価の在り方について（報告）」

文部科学省（2020）「特別支援学校小学部・中学部学習評価参考資料」

笹原雄介・山元薫（2019）「知的障害特別支援学校の校内研究における資質・能力の捉え方と学習評価の実施状況に関する調査」，静岡大学教育実践センター紀要（29），pp. 8-15

徳永豊（2014）「障害の重い子どもの目標達成ガイド―授業における「学習到達度チェックリスト」の活用―」，慶応義塾大学出版社

宇佐川浩（2007）「感覚と運動の高次化からみた子ども理解」，学苑社

宇佐川浩（2007）「感覚と運動の高次化による発達臨床の実際」，学苑社

山元薫・水野靖弘・野﨑弘之（2018）「知的障害特別支援学校における教育課程の実施状況に関する調査―教育課程を編成する各教科等の配当時間数の変化―」，静岡大学教育実践センター紀要（27），pp. 1-9

山元薫・笹原雄介（2019）「知的障害教育における「資質・能力」を育む教科別の指導―学習指導要領の変遷から知的障害教育の教科を読み解く―」，静岡大学教育学部研究報告（教科教育学篇）（51），pp. 83-92

山元薫・笹原雄介（2021）「知的障害教育における「特性」「発達」「教科」をつなぐラーニングマップの開発」，静岡大学教育学部研究報告教科教育学篇 53，pp. 153-162

山元薫・笹原雄介（2021）「知的障害教育における教材化を図るツールの開発―知的障害国語科の内容の系統性と発達的基盤の整理―」，教材学研究第 32 巻，pp. 65-72

山元薫（2022）「ラーニングマップを活用した授業づくり研修が知的障害特別支援学校に及ぼす影響－教員の経験年数に着目して」，学校教育研究、37，pp. 168-180

発刊に寄せて

元静岡県立中央特別支援学校校長　橋田　憲司

　本書は、前著に続く第2弾としての実践編である。前著においても最終章でラーニングマップの活用例を紹介しているが、本書ではラーニングマップの特徴を生かした国語や算数・数学の授業づくりの実際を数多く紹介している。

　戦後の一時期、わが国の知的障害教育の中で「教科」ということばを排除する傾向があった。「通常教育の教科の内容を取捨し程度をさげて指導する「水増し的」な教育方法に対して、「教科によらない」この教育の方向を模索していた頃である。そして提唱されたのが、いわゆる六領域案である。生活経験を構成しているそれら領域の要素が「生きる力」を育成するための教育内容となる、という主張である。伝統的な教科による学習では、単に知識の伝達にとどまり「生きる」ことにつながる実用的な知恵にならないと考えた。教科「算数」をいくら勉強しても、そこで得た知識を実生活で有効に使いこなす能力が備わっていなければ、単なる断片的知識に留まるというものである。それは、抽象化や総合化の能力や応用力などに欠けるという学習者の特性に適合していないということであり、また内容の水準からみても既存の教科の枠組みで組織することは適当でないとした。

　ところが初めて示された養護学校小学部・中学部学習指導要領精神薄弱教育編（昭和38年文部事務次官通達）では、法的な制約もあって小・中学校の学習指導要領と同様の教科等の様式が採用された。そして「教科の全部又は一部について、これを合わせて授業を行うことができる」（学校教育法施行規則第73条の11）と規定した。しかしながらこの時期、特殊学級の計画設置とも相まって、新設学級を中心に教科別の指導が広がったという印象がある。既存の教科名で内容を組織したことが、教科別に指導することを暗示したのかもしれない。

　その後の学習指導要領の改訂（昭和46年公示）で、新しい教科「生活」が登場したが、教育現場における受け入れにそれほど大きな戸惑いはなかった。児童生徒の障害程度の重度化が進んだことで、それまでの教科による組織様式を改める必要性が一層高まり、具体化に至ったとみることができる。教科「生活」は、子どもの発達に必要な経験的な内容で組織され、既存の教科の概念を拡大し変革させた。続く改訂（昭和54年公示）では、養護学校教育の義務化に伴い児童生徒の障害のさらなる重度化に対応する形で、合わせた指導形態に「遊びの指導」が加えられた。こうした一連の流れの中で、各学校では国語・算数などの教科別による指導は薄められていった。

　かつて特殊学級から養護学校への統合・独立にかかわったことがある。その折、高等部の教育を含めて「生活による学習」「教科による学習」「作業による学習」という枠組みで教育課程を編成した。それらは相互に関連し補完的に作用し合うものと考えた。教科別の指導においても、実生活結びついた指導内容の精選、個人差への対応、意欲を喚起する指導法の工夫、教科を合わせた指導との関連、家庭等との連携などに留意して実践を重ねていくこととした。そこには、社会自立を標榜し、がむしゃらに子どもたちを追い立てて就職させ、職場で適応するための準備教育に明け暮れてこなかったかという反省があった。児童生徒がその持てる力を内面から最大限に伸ばすととも

に、自ら生活を切り開いていく力を身につけてほしい。将来にわたって生きることを充実したものにしていってほしい。「教科による学習」もそうした思いから位置づけた。

　ことばの獲得や文字の読み書きは、手紙や電話で自分の意思や感情を他者に伝えるために欠かせない。かつて文字を覚え一文が書けるようになった後、手紙の書き方を学んだ人たちの中には、今も暑中見舞いや年賀状を届けてくれる人たちがいる。携帯電話で近況を伝えてくる人もいる。特別支援学校等を卒業した人たちが参加している生涯学習の講座では、講師の読み聞かせを聞いたり、みんなで物語の一節を朗読したりして楽しんでいる。ボランティアの大学生と一緒になって、ひらがなや漢字を使ってことばを作ったり数字を使ったパズルを解いたりしている人たちもいる。講座生の一人は、ちょっとむずかしくても時間をかけて考えることが楽しいと言っていた。これまでの学びが、講座生のこうした生き方の基礎になっているに違いないと、活動を支援しながら思う。

　かつて、教師観として奉仕者性、勤労者性そして専門職性のそれぞれが強調された時期があった。しかし、教師はこの三者のうちのいずれでもあって、専門職性を中心に統一されるものだろう。教師が専門とする主たる具体的な職務内容といえば、教育目標の設定から教材・題材の選定や採択、教育方法の開発と適用、学習結果の測定・評価にいたるまでの一連の授業実践である。これらの専門的事項は、直接担当している児童生徒の能力等の実態に対応すべきものである。その対応は教師の自律的判断による以外にはない。とりわけ知的障害教育にあっては多くの場合、扱う内容を一人一人の児童生徒の実態に即して個別的に用意しなければならない。具体的指導内容の選択や指導方法の実際は、いずれも教師の的確な判断と格段の工夫が求められている。

　現行学習指導要領（平成 29 年公示）では、どのような資質・能力の育成を目指すのかを明確にするとともに、一人一人の実態に合わせて扱う内容を選択し、創意工夫して指導に当たることを挙げている。また授業改善の推進や学習評価の改善の必要性、カリキュラム・マネジメントの確立などを明示している。将来にわたってよりよい人生を主体的に送るために、卒業後の視点を大切にすることや生涯学習への意欲を高めることなども求めている。

　ラーニングマップは、児童生徒個々の実態把握と目標に基づく最適な学びを創出することに役立つ。また、活用をとおして学びの履歴や生活の歩みを振り返ったり、学びの先にある姿を想定したりすることもできる。

　スキルを高めることは大事だが、方法・技術の追求のみに留まっていてはいけない。情熱と誠意のもと実践に徹し、自らを律しながら自己形成に努めることである。「自ら学ぶもの、他に感化す」という。「教育とは流水に文字を書くような果てない業である。だがそれを岸壁に刻むような真剣さで取り組まねばならぬ」（寺田清一編『森信三先生 生を教育に求めて』昭和 53 年）である。仲間とともに日々の研鑽を重ねることによってこそ、専門性を備えた教師としての成長が期待できる。

執筆者一覧

山元　薫　　　　静岡大学教育学部　准教授
　　　　　　　　（第1章、第2章、第4章解説、第5章編集、コラム1、コラム2）
笹原　雄介　　　静岡県立伊豆の国特別支援学校　教諭
　　　　　　　　（第3章、第4章編集、第5章編集、コラム5）

早田　公子　　　静岡県立伊豆の国特別支援学校　校長　　（第6章）

清　圭介　　　　静岡県立伊豆の国特別支援学校　教諭　　（第7章）

山口　美樹　　　静岡県立伊豆の国特別支援学校　教諭　　（コラム3）
加藤　貴愛　　　静岡県立伊豆の国特別支援学校　教諭　　（コラム4）
杉澤　里美　　　静岡県立伊豆の国特別支援学校　教諭　　（コラム5）

橋田　憲司　　　元静岡県立中央特別支援学校　校長　　（発刊に寄せて）

静岡県立伊豆の国特別支援学校
＜第4章　実践提供＞

前田　博子	伊海　早苗	浅田　勇	駒野はずき	加藤　貴愛	大木　慶典
正木　希実	杉澤　里美	宇根　桃子	山口　美樹	松野　幸子	
沖出　直美	廣　和子	鶴田　尚平	小林　彩奈	佐々木絵梨子	
鈴木　靖代	伊賀上綾太	籾山　裕			

＜第5章　教材提供＞

前田　博子	由水　千秋	鈴木　理佳	荒川　朋之	沖出　直美
神戸　優輔	正木　希実	廣　和子	杉澤　里美	宇根　桃子
末益　美佐	駒野はずき	望月　岬	鶴田　尚平	廣瀬　悦子
加藤　丈晴	古谷　帆波	吉川　静恵	廣瀬　貴達	勝田　翔吾
小林　彩奈	鈴木　靖代	宮澤慎太郎	加藤　貴愛	佐々木絵梨子
籾山　裕	伊坂　浩美	清　圭介	山中　敏裕	岩瀬　祐作
盛田美枝子				

編著者紹介

山元 薫（やまもと かおる）

静岡県立御殿場特別支援学校等、静岡県内特別支援学校にて勤務の後、
静岡県総合教育センター総合支援課特別支援班指導主事に就任。
その後、静岡大学教育学部特別支援教育専攻講師を経て、
現在、静岡大学教育学部特別支援教育専攻准教授。

笹原 雄介（ささはら ゆうすけ）

静岡県立御殿場特別支援学校、静岡県立富士特別支援学校にて勤務の後、
平成 30 年度から令和元年度、静岡大学教育実践高度化専攻に在籍。
現在、静岡県立伊豆の国特別支援学校に勤務。

研究協力校

静岡県立伊豆の国特別支援学校

「エルっとくん」
ラーニングマップのイメージキャラクターです。
イラスト 島田 直人（静岡市立清水浜田小学校）

知的障害のある子どものための国語、算数・数学
「ラーニングマップ」から学びを創り出そう Part 2
授業づくり&教材開発編

2023 年 2 月 23 日　初版第 1 刷発行
2023 年 8 月 23 日　初版第 2 刷発行

■編　著　　山元　薫・笹原　雄介
■　著　　　静岡県立伊豆の国特別支援学校
■発行人　　加藤　勝博
■発行所　　株式会社 ジアース教育新社
　　　　　　〒 101-0054　東京都千代田区神田錦町 1-23　宗保第 2 ビル
　　　　　　TEL：03-5282-7183　FAX：03-5282-7892
　　　　　　E-mail：info@kyoikushinsha.co.jp
　　　　　　URL：https://www.kyoikushinsha.co.jp/

■表紙・本文デザイン・イラスト　　土屋図形株式会社
■印刷・製本　　シナノ印刷株式会社
Printed in Japan
ISBN978-4-86371-648-3
定価は表紙に表示してあります。
乱丁・落丁はお取り替えいたします。（禁無断転載）

知的障害のある子どもための
国語、算数・数学

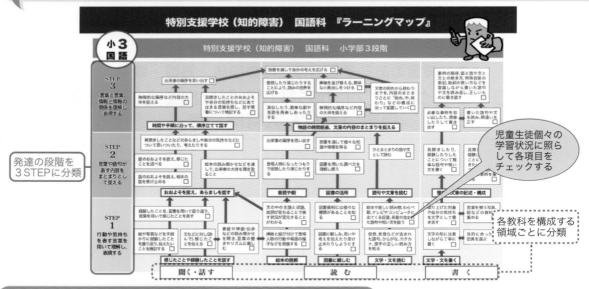

「ラーニングマップ」から
学びを創り出そう

編著 山元　薫・笹原　雄介

B5 判／ 96 ページ／オールカラー　ISBN978-4-86371-554-7

定価 2,200 円（本体 2,000 円＋税 10%）

「ラーニングマップ」って？

　平成29年度に告示された特別支援学校学習指導要領及び解説の記述内容を分析し、小学部1段階から中学部2段階までの国語、算数・数学の内容を、教科の系統性と発達の段階性に沿ってフローチャート化したものです。児童生徒一人一人の学習状況を評価し、各教科における到達度を明らかにするツールとして活用できます。

　本書では「ラーニングマップ」を丸ごと収録し、その使い方を解説。実際に「ラーニングマップ」を使った授業の実践例も紹介しています。各教科等を合わせた指導の授業づくり、指導計画のヒントにぜひお役立てください。

学習内容が系統的に整理されているので、到達度や次の課題が一目でわかる！！

「ラーニングマップ」活用のメリット

メリット 1 知的障害のある児童生徒のための国語、算数・数学の教科の系統性が分かる

メリット 2 知的障害のある児童生徒の学び方が分かる

メリット 3 児童生徒の学習到達度・学習状況を把握することができる

メリット 4 目標（個別の指導計画、授業目標、単元目標等）の設定ができる

メリット 5 単元構想（単元デザイン）へのヒントが得られる

メリット 6 年間指導計画へのヒントが得られる

ジアース教育新社

〒101-0054　東京都千代田区神田錦町1-23　宗保第2ビル
TEL 03 － 5282 － 7183 ／ FAX　03 － 5282 － 7892
E-mail　info@kyoikushinsha.co.jp　URL　https://www.kyoikushinsha.co.jp/